WELCOME T[O LEARN ALBANIAN] WITH WORD [SEARCH PUZZLES]

Learning a new language can be both challenging and rewarding. This book provides puzzle based vocabulary exercises and is intended to supplement traditional methods of language study. We believe that learning should be fun. If you are doing something that you enjoy, then it will be easy to stick with.

In Learn ALBANIAN with Word Search Puzzles you will find a collection of 130 bilingual word search puzzles that will challenge you with dozens of interesting categories.

This book includes:
- Diverse categories including: Numbers, Colors, The Body, Weather, Professions, Fruits, Vegetables, Verbs, Opposites, and many more!
- Words hidden horizontally, vertically or diagonally in each puzzle
- Easy to read puzzles
- Challenging and fun!
- Puzzle based learning provides unique learning perspective
- 65 jumbled review puzzles to challenge your memory and lock in those translations with reinforcement learning
- Complete solutions provided.

Keep your Mind Active and Engaged
Studies have shown that continuously challenging your brain with puzzles and games or acquiring new skills such as a new language can help to delay symptoms of dementia and Alzheimer's.
Keeping a sharp mind is a great idea for people of any age.

Learn with Word Search Series
Revised and updated for 2018.
Now including 18 challenging languages. Check out our other titles!

Happy searching!

Dedicated to those who occasionally struggle to find the correct words

---

ADDITIONAL NOTES ON LEARN WITH WORD SEARCH PUZZLES

1. Only words that are capitalized in the word lists are hidden within the puzzle grid.

2. In general, when a word has multiple gender variations, Learn with Word Search Puzzles defaults to the masculine form to maintain formatting.
Future books may deal with multiple gendered forms.

Welcome to Learn with Word Search. It's time to count down to your new vocabulary. Here we go. Three. Two. One   Find these number translations in the grid below.

```
P F Ë R W F Y V G U L N Q H O O
E H T K O N S W T S J H F N P Ë
S L I E A X Z Ë A H R D I A N T
Ë T E J H D Ë B M Y D N D S Y E
M H E V L E W T W O E H Ë I O J
B R V T E T Ë N R N J Ë I N E H
Ë E I E G N M C Ë E R Z E V T D
D E F N C J T K T S E U E F W Ë
H X T E Ë Ë A Ë A T E Ë O I I B
J F H E T T T S T T H P A F R M
E D S T Ë N R L H T A G V T A R
T H I R T E E N S T N P I E A Ë
Ë S X U Ë T E J H D Ë B M E R T
E O F O I A A A U S E V E N H A
T R L F Ë W E M Y L E S F D N K
E C Ë T E J H D Ë B M Ë J N A I
```

ONE	NJË
TWO	DY
THREE	TRE
FOUR	KATËR
FIVE	PESË
SIX	GJASHTË
SEVEN	SHTATË
EIGHT	TETË
NINE	NËNTË
TEN	DHJETË
ELEVEN	NJËMBËDHJETË
TWELVE	DYMBËDHJETË
THIRTEEN	TREMBËDHJETË
FOURTEEN	KATËRMBËDHJETË
FIFTEEN	PESËMBËDHJETË

A zillion is often used to describe a huge number, but it doesn't actually have a defined value. We won't make you count to a zillion, but below you will find some more numbers to add to your vocabulary.

```
H W Y O W Ë P N S I X T E E N Ë A
N O S T T E T Ë M B Ë D H J E T Ë
S N H U N D R E D N I Q Ë J N E T
E Ë O N Ë E T G J V O M R G U J E
D N H I V T W R Y H I D J E M H J
F T I N L H E T I L D A Ë S W D H
I Ë N E D L H J I D S Ë I E A Ë D
F M E T S G I O H H H O S V N T Ë
T B E Y I N N M T D D J G E A A B
Y Ë T E J H D Ë T N Ë N E N P T M
T D H I E D D H A Y J T J T T H Ë
R H G R Y H I S H E N Ë E Y Ë S T
O J I Z J R U O C E Z E M T O J H
F E E E T O H A V E N H W I I G S
M T T Y H N E E T E N I N T J S A
Ë Ë Y T X I S F Z E T R F M A Ë J
A Ë T E J H D Ë B M Ë T A T H S G
```

SIXTEEN	GJASHTËMBËDHJETË
SEVENTEEN	SHTATËMBËDHJETË
EIGHTEEN	TETËMBËDHJETË
NINETEEN	NËNTËMBËDHJETË
TWENTY	NJËZET
THIRTY	TRIDHJETË
FORTY	DYZETË
FIFTY	PESËDHJETË
SIXTY	GJASHTËDHJETË
SEVENTY	SHTATËDHJETË
EIGHTY	TETËDHJETË
NINETY	NËNTËDHJETË
HUNDRED	NJËQIND
THOUSAND	NJËMIJË
MILLION	NJËMILION

The seven days of the week were named after the seven celestial bodies that were visible to the naked eye thousands of years ago. These are the Sun, Moon, Mercury, Venus, Mars, Jupiter, and Saturn. See if you can spot their translations with your naked eye below.

```
W V S H H P D Ë N V D M E C L S
F N A T I O N A L H O L I D A Y
R Ë Ë K A Ë W E E K F I I T F Y
G G E Y H V T T N Z U O U A E A
E D W E A J I O T A N R E U S L
T I N F N D T M S R D N T A T Y
Y T T E Y A S O T A J Y M N A X
F Ë E S K A T R Y T A B E D K O
X R Z U Ë E D R U D V S R D O A
N U I N T V E O T H Ë E P I M V
R K W D R S A W T R T Ë E I B A
W R I A A W I J E S H T U N Ë Y
B Ë I Y M Y T U E S D A Y T T N
T M H I E N Q Y L D M O N D A Y
W E D N E S D A Y O J Y S O R A
S A D A G W Ë R A Ë L E I D E O
```

MONDAY	E HËNË
TUESDAY	E MARTË
WEDNESDAY	E MËRKURË
THURSDAY	E ENJTE
FRIDAY	E PREMTE
SATURDAY	E SHTUNË
SUNDAY	E DIELË
WEEKEND	FUNDJAVË
NATIONAL HOLIDAY	FESTA KOMBËTARE
TODAY	SOT
TOMORROW	NESËR
YESTERDAY	DJE
WEEK	JAVË
DAY	DITË

MONTHS

The Roman calendar originally had ten months, which explains why September, October, November and December are based on the latin words for seven, eight, nine and ten. Search for the months and their translations below.

```
Ë K O G H H L Ë A J A N A R E D
R F O T L T H Q A O A P R I L O
O E E R O T E J H D O N A E S U
T B B E R R S G T E S R U L T A
A R H M S I J U N E D R O A M E
T U E H E Ë K S G L T E T O R A
H A O B M V E H T U G R N C E Y
S R I H M I O T S T A T A T B L
R Y D U S E T N T D H L R O M U
Ë J A M A R C H N T E U E B E J
D J A W L C A E H N K T E E T T
V Y P R I L L M D H Ë H C R P H
T S R H E A E A S C A N A W E I
U Ë F S K O R E E G F E T E S N
B D R E O O T O W R Y E I O N H
T U H T P A W I R N H M V G R A
```

JANUARY	JANAR
FEBRUARY	SHKURT
MARCH	MARS
APRIL	PRILL
MAY	MAJ
JUNE	QERSHOR
JULY	KORRIK
AUGUST	GUSHT
SEPTEMBER	SHTATOR
OCTOBER	TETOR
NOVEMBER	NËNTOR
DECEMBER	DHJETOR
CALENDAR	KALENDAR
MONTH	MUAJ
YEAR	VIT

The seasons are caused by the tilt of the Earth as it orbits the sun. For part of the year the sun shines longer on one hemisphere resulting in summer. Tilt your head and search for these words related to time and the seasons below.

```
E A G Ë L A D R C E N T U R Y T
I U A F T E R N O O N R M A A G
R T R N K H Y A D S D Ë O G E O
E E Y A S T S E H S N I N X S U
F F D D N O C E S G U M T R O E
W Ë C C I A K N J C O B H Ë I F
E P B M D U H E F V N U M T Ë G
P R U E L T S I S O E L F A S V
E A X L V C T P R E H R H N V D
J N S N D I M Ë R M W T Ë S S H
M V I D H E T U N I M A O N A R
N E Ë G I Y T R N N N M U T U A
P R D H H T A T Y U T G R T S E
D Ë O H U T E I E T T O G O B Y
S U M M E R U A S Ë C E X P E T
R C T O E G N I N R O M A E A A
```

WINTER	DIMËR
SPRING	PRANVERË
SUMMER	VERË
AUTUMN	VJESHTË
SECOND	I DYTI
MINUTE	MINUTË
HOUR	ORË
DAY	DITË
MONTH	MUAJ
YEAR	VIT
MORNING	MËNGJES
AFTERNOON	PASDITE
NIGHT	NATË
DECADE	DEKADË
CENTURY	SHEKULL

The three primary colors are red, green and blue. These three colors can be combined to create an astonishing variety of color. Astonish yourself by finding these translations in the grid below.

```
Ë T D I E N X B U T N U Y I E E
E E Ë Ë T A S L M A G E N T A V
O Q O I P T L N Y R R E N X R E
I O Ë A J Ë H M D G E E W O G R
E E A E L E Z E B T E Q O U J D
T V Ë R O Y S R I R G U R G E H
D E H A H T K H G E B K A R N Ë
T R N L Ë S W K I V A E N A D T
F W F Ë E H K V N L H N G O T R
H Q T O H D C Y I I E Z E Z Ë U
O S H Ë T R A E A S P I H V H P
G K N N O L L L O O H G O L D R
D A A Z Ë P B L C Y A N U V R U
O E Ë F R Y D O V Ë W E J L A P
H B L U E E N W O R B W T Ë B E
B L P O R T O K A L L I Z E E W
```

BLACK	E ZEZË
BLUE	BLU
BROWN	KAFE
CYAN	GURKALI
GOLD	E ARTË
GREY	GRI
GREEN	JESHILE
MAGENTA	E PURPURTË
ORANGE	PORTOKALLI
PINK	ROZË
PURPLE	VISHNJË
RED	E KUQE
SILVER	E ARGJENDTË
WHITE	E BARDHË
YELLOW	E VERDHË

SHALLOW

SHAPES

A dodecagon has 12 sides, while a megagon has
a million sides, at which point it is
essentially a circle. Time to think outside
the box and find these 2D and 3D shapes in the
puzzle below.

```
S K H S Ë D N Ë K T J E R D I H
G J A S H T Ë K Ë N D Ë S H R S
A T I T Ë P R E C T A N G L E Ë
L L O A R D P E N T A G O N D D
H E X A G O N E K O N C Ë E N N
U N B S F E R Ë R Ë T I A R I Ë
T O U U T L O L K A N I R E L K
H C K I C S S A G Ë U D U H Y Ë
E A Ë Y E S O O E A S Q Ë P C T
R B T D C D N C H R W E S S R E
A A H I I I N O S Ë V E P I H T
N S T A R M V O R Y L E A Q T D
S T G M C A A L M A T N Z B E N
G H I A L R L R P A G V E O R X
A S N N E Y M C I L I N D Ë R L
H E O T L P O R E P A D F N T E
```

CIRCLE	RRETH
CONE	KON
CUBE	KUB
CYLINDER	CILINDËR
DIAMOND	DIAMANT
HEXAGON	GJASHTËKËNDËSH
OCTAGON	TETËKËNDËSH
OVAL	VEZORE
PENTAGON	PESËKËNDËSH
PYRAMID	PIRAMIDË
RECTANGLE	DREJTKËNDËSH
SPHERE	SFERË
SQUARE	KATROR
STAR	YLL
TRIANGLE	TREKËNDËSH

8

Our face is the most expressive part of our body. We can convey a variety of emotions with the 43 muscles we have in our face.
Below are some words related to your face and head.

```
U A O U I V O T Ë I K I C N S Q
E H A I R E Y E E A L L U T E V
Y U I T S S Ë F M N O S E R H F
E N G J U H Ë R L O Y H P E S D
B D T N L Ë F A Ë O U I T I A I
R Ë K Ë O A M N A E K T O E L S
O Ë O E Q T I U M Ë E Ë H L E F
W B K E E H C A I T H E A D Y T
S M Ë E C Ë E E L V R B L T E N
O Ë Y R J A O W O O A I Y R C A
M H Z O H M M E F E T R C N A S
T D G U R D T A T I Ë L R Z F E
D H N Y B E T N T R E E S D N U
K J M D V E O T V V T U V V Z S
G E F M U Ë C T S L E V E I Ë U
S A C M L I A B R A T R S F J R
```

CHEEK	FAQE
CHIN	MJEKËR
EAR	VESH
EYE	SY
EYEBROWS	VETULLA
EYELASHES	QERPIKË
FACE	FYTYRË
FOREHEAD	BALLI
HAIR	FLOKË
HEAD	KOKË
LIPS	BUZË
MOUTH	GOJË
NOSE	HUNDË
TEETH	DHËMBË
TONGUE	GJUHË

The human body is a remarkable thing, with hundreds of specialized parts that we take for granted every day. Here is a list of some important parts of the body to remember.

```
U T F S H P A T U L L E G B E O
Ë S H O U L D E R B L A D E A B
E I A G O T R F Ë B A G H L Z O
E A D O C T Ë R O D O C I H R J
Ë H F T Ç E R W K Ë M B Ë S Ç M
R L Q G T Y H S A R U E M J H O
S A L I L A K H Ç I T W S U S T
Z F O K N T L P X N S F A E H N
Ë V T D T M I U S K I T R I O T
E T D E D H J T P R R P T E U T
Ë U D L O G Ë A E A W H P T L M
M Ë I T F L M R L H K N H L D Ç
L N L Z O O D M M Ë Ë S K L E Y
U U O C V L A S N F I N G E R G
C T H B Y Ç I I R G E E X S S G
H D A M I T H S I G U T E D V T
```

ARM	KRAHË
ELBOW	BËRRYL
FINGER	GISHT
FOOT	SHPUTA
HAND	DORË
HIP	IJË
LEG	KËMBË
NIPPLE	THITHKË
SHOULDER	SHPATULL
SHOULDER BLADE	SKAPULA
THUMB	GISHT I MADH
TOE	GISHT
WAIST	BEL
WRIST	KYÇ

Skin is the largest human organ and is approximately 15% of your body weight. Search for these other parts of the body and their translations in the puzzle grid below.

```
Ë T F I N G E R N A I L H A D Ë
S Ë B M Ë K E A P L U P G T Z N
S H L U J G E U I O Y Y I I N I
Ë S F M T O R V R T D E H P N P
B F L O G T T H R O A T T M G H
M O Ë L R A O Ë B O R H E R S S
Ë K K L N E A C F Ë N U O A Ç E
K B U A E H A R K A R A P N T A
I H R Q Ë L N R V S Q E T U L L
I U Ë E F L E E M B L D D Y Ç N
Ç H H M A H L E S K O J G O F I
Y H I U D S B G N H I Ç L M L B
K E L O O S T A K K T I H O T T
L F Ë N O O K N C S T T R N V I
W L Ç S X D L I E K O E E R X I
Ç L Ç H D M V E N W H T M W Q U
```

ANKLE	KYÇI I KËMBËS
ARMPIT	SQETULL
BACK	SHPINË
BODY	TRUP
BREAST	GJOKS
BUTTOCKS	MOLLAQE
CALF	PULPA E KËMBËS
FINGERNAIL	THUA
FOREARM	PARAKRAH
KNEE	GJU
NAVEL	KËRTHIZË
NECK	QAFË
SKIN	LËKURË
THIGH	KOFSHË
THROAT	FYT

Our internal organs regulate the body's critical systems, providing us with oxygen and energy, and filtering out toxins. Check out this list of squishy but important body parts.

```
A E S I Ë I V J U K S U M Ç W W
Z R W S R T J E E V I S G N U L
O O M A U G I T I S E D N A P A
R O R E P S C R S E Q B N O H R
R P M R Z P T T Ë O N A R E C G
A O A K A V E S H K A T A A Y E
E N E N A E M N S P H R Ë S I I
T S R A C Ë H H D T T S S T R N
R K E P L R P O E I N Ç U O U T
A T V Ç C R E I L I X T T M R E
S E I R E T R A E L E R U A T S
H A L T N E D V S R Ë S I K A T
Ë E K S T O M A C H C E E U N I
G A O R O T T S P L E E N H E N
S M A L L I N T E S T I N E V E
O W B E B E I S I M A G J A K U
```

APPENDIX	APANDESITI
ARTERIES	ARTERIET
BLOOD	GJAKU
BRAIN	TRURI
HEART	ZEMRA
KIDNEY	VESHKAT
LARGE INTESTINE	ZORRA E TRASHË
LIVER	MËLÇIA
LUNGS	MUSHKËRITË
MUSCLES	MUSKUJ
PANCREAS	PANKREASI
SMALL INTESTINE	ZORRA E HOLLË
SPLEEN	SHPRETKA
STOMACH	STOMAKU
VEINS	VENAT

The Earth is an enormous place that time has divided up into continents and oceans. Take some time and memorize these words that define our Earth.

```
N T N E N I T N O C E U R O P A J
L T U I R E V I I L O P G H E C A
I A A R L O U A O R A B A W D A C
L W C O O A I P F C I T A K U S I
A H I I R Q H R I R L T I E T O T
D E R Ë R T E F E A I T S N I U C
I D F I R E I A N V N K E E G T R
T U A O I C M T N A A N A U N H A
K T N E O S I A L I I K J S O P T
R I S C U C Ë T H T P E I Ë L O N
A T E N O R A T N T A A L R R L A
T A A C Ë I O O A K R J Q O E E I
N L E Z N U K P I J E O T Ë W M S
A A V A I S Ë R E J G A N A S R A
N E E F O A E T U G U J I I L O P
P Q N H W M C T L Q E K U A T O R
O E T O A C I R E M A H T U O S A
```

AFRICA	AFRIKA
ANTARCTICA	ANTARKTIDA
ASIA	AZIA
ATLANTIC OCEAN	OQEANI ATLANTIK
CONTINENT	KONTINENT
EQUATOR	EKUATOR
EUROPE	EUROPA
LATITUDE	GJERËSI
LONGITUDE	GJATËSI
NORTH AMERICA	AMERIKA VERIORE
NORTH POLE	POLI I VERIUT
PACIFIC OCEAN	OQEANI PAQËSOR
SOUTH AMERICA	AMERIKA E JUGUT
SOUTH POLE	POLI I JUGUT

Time to zoom in and take a look at some geographical features that make up our planet. Fly over mountains, forests and glaciers as you reflect on the beauty of nature.

```
Z D O T E N L H N L R P G U T E
F E S E E A G D E I U T Q N W F
Ë M M P M W T E T Y Q J Y L I G
M A Y L L E S L N N Ë B T L T U
U L I A L I A M O A A S I I Z M
L T N Z S K O F D C E D C K A Ë
A E S H E U C H T R E Q R H S K
K R U O N A C L O V D A O E E O
U L Ë T R N O F A E T D N Y I R
L E A T I C R A T E R G A I T A
L I Q E N A A E R R L B H S H L
N D N A K L L U V A E A E L O O
A T E D G E R B C I N S E A A R
J R W G T E E I T N R D E N C E
Ë R I T Ë T E R K H S D A D E H
Ë T R E T R F L L T T L R Ë X Q
```

BEACH	PLAZH
CITY	QYTET
COAST	BREGDET
CORAL REEF	GUMË KORALORE
CRATER	KRATER
DESERT	SHKRETËTIRË
FOREST	PYLL
GLACIER	AKULLNAJË
ISLAND	ISHULL
LAKE	LIQEN
MOUNTAIN	MAL
OCEAN	OQEAN
RIVER	LUMË
SEA	DET
VOLCANO	VULLKAN

Today's weather forecast shows a 100% chance of learning some important weather terms.

```
Ë  K  R  N  O  M  D  H  U  R  R  I  C  A  N  E
O  R  T  H  X  Y  H  P  F  A  E  H  E  E  D  E
Z  R  R  U  F  E  Ë  T  D  I  E  U  G  E  Ë  Ë
W  B  C  M  A  E  H  P  T  N  N  T  B  O  R  Ë
I  A  E  L  I  L  D  T  I  B  G  S  P  E  F  H
F  R  R  T  O  L  H  A  Ë  O  Ë  R  E  B  L  Y
E  O  R  M  C  U  R  U  R  W  E  M  O  C  G  M
S  M  H  E  N  G  D  H  F  S  T  L  C  H  T  O
O  E  R  D  T  E  E  Y  I  L  Ë  T  H  O  T  F
Y  T  E  I  J  J  Q  O  L  U  E  O  A  D  L  Ë
I  R  A  E  N  M  N  H  A  D  A  E  F  D  S  D
B  I  O  L  A  E  F  O  G  W  I  N  D  Y  R  D
Z  C  W  L  S  V  E  T  Ë  T  I  M  Ë  N  N  S
B  T  D  O  Y  N  N  U  S  S  A  H  U  O  H  A
M  T  E  G  N  I  N  T  H  G  I  L  S  H  P  M
E  Q  K  T  P  S  L  S  T  T  G  I  H  E  Y  U
```

BAROMETRIC pressure	PRESION barometrik
CLOUDY	ME RE
COLD	FTOHTË
FOG	MJEGULL
HOT	NXEHTË
HUMID	I LAGËSHT
HURRICANE	STUHI
LIGHTNING	RRUFE
RAIN	SHI
RAINBOW	YLBER
SNOW	BORË
SUNNY	ME DIELL
THUNDER	VETËTIMË
WARM	NGROHTË
WINDY	ME ERË

Let's go on a word safari to search for some of Africa's most famous animals. Elephants and lions are hiding somewhere below.

```
Ç H U X E E Z N A P M I H C Q Ë
H H A T I Ç A P N A L L I R O G
I A O T O E L B T R Ë S D P R J
P E N S E O G O R R I L L Ë E I
P H Z E L E P H A N T E A S D R
O R T A Y O H A L E O A N O S A
P H F E P H T C H P F T U O E F
O I N I N M L S A D G F B S E Ë
T N H D O E I R W E O T A T W N
A O C D O O D H P R H N B R O C
M C N P B N Z O S R T A O I I D
U E A N A E L T Ë I R F L C B G
S R F T B E R B L E A E H H G T
D O A R T U E O H G W L D L E Ë
N S A N C Z P O D Ë N E I H D W
L U A N A Ë T N O R E C O N I R
```

ANTELOPE	ANTILOPË
BABOON	BABUN
CHEETAH	ÇITAH
CHIMPANZEE	SHIMPAZE
ELEPHANT	ELEFANT
GIRAFFE	GJIRAFË
GORILLA	GORRILLË
HIPPOPOTAMUS	HIPOPOTAM
HYENA	HIENË
LEOPARD	LEOPARD
LION	LUAN
OSTRICH	STRUC
RHINOCEROS	RINOCERONT
WARTHOG	DERR I EGËR
ZEBRA	ZEBËR

A recent study estimated that there are approximately 8.7 million different species of life on Earth. Below are just a few examples for you to learn.

```
R S S D X E A L T O H M S I Ë Ë
A T J E G O Ë O H O S T R T I W
N S R E G T T T T U P E J E O
D I O E I A A F X D X A E T O N
W H I B G T P C Ë O H B S N H W
O I B M I I C A T N F E E N F P
O A F E N A T A A R A L L D A O
R E W G M M O U S E U R O P T L
A A U E I E D C V M S G E W Ë A
G I L T R I R O N N P O N G M R
N M R O A I E J O A E D O A E B
A U L E P U R A H K N Q C M K E
K S R Ë G I T G J Ë G E R I I A
X H A G U A R U U O U E B L L R
H K I I T O H A U I I O A J P E
T Ë P L A K U R I Q N A T E E F
```

BAT	LAKURIQ NATE
CAMEL	GAMILJE
CAT	MACE
DOG	QEN
FOX	DHELPËR
JAGUAR	XHAGUAR
KANGAROO	KANGUR
MOOSE	DRER
MOUSE	MI
MULE	MUSHKË
PENGUIN	PINGUIN
POLAR BEAR	ARI POLAR
RABBIT	LEPUR
TIGER	TIGËR
WOLF	UJK

Another study estimates that approximatley 150-200 species are going extinct every 24 hours. Find the animals below before they disappear forever.

```
E D C R C O C M H E Ë H G E K E
R O A E N Z O R A N G U T A N A
L E R R I U Q S O D J N R U U S
L L A M A Ë S L E K A N S K K H
T I W A A C I E E O R E E L S A
P D D O M D C T P A P T A M J L
B O T O O R Ë O V R Ë S C P E T
R C R K R R S J O R R Ë Q K A B
E O O C P S C F H N L B I Ë E L
T R K N U M P I H C B L R M R A
K C A M O P O S U M B E I L T C
O O S L R T I A N U V Q I B N K
S S T E A A R N F A R I I Z I B
Ë E O Q K M U D E R R F R E C E
G H R O U C Ë B N A O R T W A A
Q O R A N G U N T A N G D D N R
```

BEAVER	KASTOR
BLACK BEAR	ARI I ZI
CHIPMUNK	KETËR
CROCODILE	KROKODIL
FROG	BRETKOSË
LLAMA	LAMË
OPOSSUM	OPOSUM
ORANGUTAN	ORANGUNTANG
OWL	BUF
PORCUPINE	IRIQ
RACCOON	RAKUN
RAT	MI
SKUNK	QELBËS
SNAKE	GJARPËR
SQUIRREL	KETËR

The blue whale is the largest animal on Earth.
It's heart is the size of a car and can weigh
as much as 50 elephants.   Search the depths
of the puzzle below for some other fascinating
sea creatures.

```
I W N O H S I F Y L L E J F L K
R Y I E U A Q S L P F B O E H E
H T F R E L T R U T I K O S L T
V A L L S E F L O P Ë D E T I H
K A E W U J D H D K O P I C T P
W A D H W A E I O O R T R J E C
K M L A S O N O U E L A C S D E
A F O L E I E D K Q B P H O L F
R N B E A W F M E T S K H S I T
A A S I L M C L G T A N L I D C
V T T D I U A A A Q I P G T N V
I I E I O E T R E E R R O F A G
D R R A N A F N P M S H V D K T
H O C E G I T E D L L Y W M G O
E R A T S A R V Ë N E L A B C W
O Ë K H S E R B A L E N Ë S O C
```

TURTLE	BRESHKË
CRAB	GAFORRE
DOLPHIN	DELFIN
FISH	PESHK
JELLYFISH	KANDIL DETI
LOBSTER	KARAVIDHE
OCTOPUS	OKTAPOD
ORCA	BALENË VRASTARE
SEA LION	LUAN DETI
SEAL	FOKË
SHARK	PESHKAQEN
SQUID	KALLAMAR
STARFISH	YLL DETI
WALRUS	LOPË DETI
WHALE	BALENË

Are you married? Do you have any siblings?
Here is a list of terms that will help you to
describe your nearest and dearest

```
T R E H T A F D N A R G O S R I
N N U T N U O N N U E Ë L Ë A N
E N N B N I E C E N H O T C H N
F H C R E H T A F T T E V O A R
M E L O P E H T U M O T Ë R T E
D R E T H G U A D C M H J Ë A E
C E J H E V D Y L C Z E I E T R
L H L E W H L I B L W H B S R E
O T I R P I N A L L Ë V O D P T
H O M L M R T E H S Y J G Ë O S
P M A A D M I I T H Ë G J T I A
E D F K H R B N S S J I F S T P
I N A B I X E E D Y M J T O O I
C A K B E R A N S Ë R E S T T N
L R C M A M A H F Ë R D E O C M
A G N P D B K S X S S T H Ë I O
```

AUNT	HALLË
BROTHER	VËLLA
CHILDREN	FËMIJË
DAUGHTER	BIJË
FAMILY	FAMILJE
FATHER	BABA
GRANDFATHER	GJYSH
GRANDMOTHER	GJYSHE
MOTHER	MAMA
NEPHEW	NIP
NIECE	MBESË
PARENTS	PRINDËR
SISTER	MOTËR
SON	BIR
UNCLE	XHAXHA

Here are some more family members that you might be particularly fond of (or perhaps not)

```
F S I E Q I H R P N E A T I Y Z
Y A Ë D J A L Ë Ë I G F Y G G R
B C T H A H U S B A N D I R R O
A R R H X U E B O Y H R A W E M
B K O O E B G R A X L N Ë T N O
E U H T M R Ë H V X D G R T I T
T N S R H D I J T D H O S S S H
N A Ë I N E E N A E H A O O U E
O T K Ë K H R U L S R V N H O R
S Ë H T Ë U G I Ë A J I I A C I
D D S R E H S K N E W K N I K N
N K A T T T H H H L U O L L E L
A E B E B S G Ë Ë N A L A A A A
R I R C A O R N A R B W W T C W
G Ë T B S I S T E R I N L A W H
C I V H A N Ë Z J A V D B S F X
```

BROTHER-IN-LAW	BAXHANAK
BABY	BEBE
BOY	DJALË
COUSIN	KUSHËRI
DAUGHTER-IN-LAW	KUNATË
FATHER-IN-LAW	VJEHËRI
GIRL	VAJZË
GRANDDAUGHTER	STËRMBESË
GRANDSON	STËRNIP
HUSBAND	BASHKËSHORT
MOTHER-IN-LAW	VJEHËRA
SISTER-IN-LAW	KUNATË
SON-IN-LAW	DHËNDËR
WIFE	BASHKËSHORTE

Actions speak louder than words. Here is a list of common verbs that you might encounter in your travels.

```
H S Ë H O H S Ë T D S D H G M T
S G N I S O T Ë M B A S H H O T
A A R T O O P T O E A T S S N O
H H Y E Ë A H U H U H Ë E Ë G P
Ë N R L G P O S T S K E E S E A
T N R U T Y Y A Y E E U H E T Y
D U A A W H G E J R F L L R E N
U S C B E Ë S D S T D S F P B A
H S O T T H N O I Ë O N E Ë O K
K L T O U Ë O A J T S R Ë T T O
N D Ë C T K W T Ë G C H E T S O
I L E H S O D N E M Ë T M A A C
H C W A T J H T T R H D R O D O
T A O N U Ë O H S O D N Ë K Ë T
O T S G O A W O L L O F O T A I
T Ë L E X O S H S E J Ë T I I O
```

TO ASK	TË PYESËSH
TO BE	TË JESH
TO CARRY	TË MBASH
TO CHANGE	TË NDRYSHOSH
TO COOK	TË GATUASH
TO EAT	TË HASH
TO FOLLOW	TË NDJEKËSH
TO HEAR	TË DËGJOSH
TO PAY	TË PAGUASH
TO READ	TË LEXOSH
TO SEE	TË SHOHËSH
TO SING	TË KËNDOSH
TO SLEEP	TË FLESH
TO THINK	TË MENDOSH
TO WAIT	TË PRESËSH

There are thousands of verbs in use today.
Here are some more popular verbs to practice.
Find the translations below.

```
G O C L T B S L E V A R T O T I
T H T O L O V E T Ë P U N O S H
O A O R I A V T B C T E U A T T
T T D S Ë A N H O Ë T N R T I O
A Ë O O H P S T N S D I Ë O G W
K S M O T Ë H D Ë E P D E L M O
E H T B B Ë I S R K A E G O T R
H E S Ë Y H U S O S U M A O O K
W S T I M L T D H K T P F K C E
H Ë Ë O P A L U H O R I T F L V
S S S S N Ë R Ë D Ë N Ë L O O M
I H E D A O T R S D T L K R S S
V I N J S L I E Ë H E O C Ë E H
Ë Ë A H G N F L Ë S E Ë S O T R
T H S E K Ë T Ë O A H S A H H O
E P L E H O T T T O C O M E L H
```

TO CLOSE	TË MBYLLËSH
TO COME	TË VISH
TO DO	TË BËSH
TO DRINK	TË PISH
TO FIND	TË GJESH
TO HAVE	TË KESH
TO HELP	TË NDIHMOSH
TO LOOK FOR	TË KËRKOSH PËR
TO LOVE	TË DASHUROSH
TO SELL	TË SHESËSH
TO SPEAK	TË FLASËSH
TO TAKE	TË MARRËSH
TO TRAVEL	TË UDHËTOSH
TO UNDERSTAND	TË KUPTOSH
TO WORK	TË PUNOSH

Languages typically have a mix of regular and irregular verbs. A regular verb has a predictable conjugation. An irregular verb has a conjugation that does not follow the typical pattern. In English, many of the most common verbs are irregular.

```
N T Ë T Ë T F A I H S E J Ë T W
N O A T Y P T Ë B L E S H Ë N T
M B T Ë J A P Ë S H C N E G Ë Y
A E O I Ë E L T V E U C T D H T
F A G K Y A T P P R Ë E I H S T
T B I Ë H N E Ë O S A S R S A Ë
F L V S T L R T H T H P W O U K
Ë E E H V B O A Ë A E I O H R Ë
L T M T O D T E E M P P T S K R
M O O R A N W W V L Ë Ë N O H C
W E X N A O G O T A O S S K S E
E H C W N E P O O T E T O H Ë S
Y E O K H Y T T G K N L O S T H
S T O W A L K F Ë E S H O Ë H T
S T Ë D U A S H S A U L Ë T I I
T E E C T Ë N T O E T O B U Y T
```

TO BE ABLE TO	TË JESH I AFTË TË
TO BUY	TË BLESH
TO DANCE	TË KËRCESH
TO GIVE	TË JAPËSH
TO GO	TË SHKOSH
TO KNOW	TË DISH
TO LEARN	TË MËSOSH
TO LEAVE	TË IKËSH
TO OPEN	TË HAPËSH
TO OWE	PËR BORXH
TO PLAY	TË LUASH
TO RUN	TË VRAPOSH
TO WALK	TË ECËSH
TO WANT	TË DUASH
TO WRITE	TË SHKRUASH

One of the greatures pleasures of travelling to another country is sampling the local cuisine. Study the word list below so you can order with confidence.

```
D Ë Q H D E I Y T O T I A K D F
L H T C H O C O L A T E T S Q Ç
H H A A I Ç O S U O H S U G A R
S Ë A E C Ë M G Ë J S E R T A E
V T N E G M T G P A Ë E F E V O
E Ç Ç F M E T E L R M H C H R Ë
G O E C Z E R L A Ë U C X I P U
E T W D H I A O J A Q O Z Ë R T
T H K G M T E T G T N W L S Y E
A W S E Ë D A L A S I A B F E Ç
B D A I O Z H J H A T U I D L G
L V O T M T E L D P T R R F H Ë
E I O I E N M V Q T Y O Z F D E
S H E Q E R B R E A D Ë I O T I
K L I M A K A R O N A R A Ç S U
L A T B U K Ë T A L L O K O Ç N
```

BREAD	BUKË
BUTTER	GJALPË
CHEESE	DJATH
CHOCOLATE	ÇOKOLLATË
EGGS	VEZË
FLOUR	MIELL
FRUIT	FRUTA
MEAT	MISH
MILK	QUMËSHT
PASTA	MAKARONA
RICE	ORIZ
SALAD	SALLATË
SUGAR	SHEQER
VEGETABLES	PERIME
WATER	UJË

Want more? You have quite an appetite (for learning). Feast on this delicious buffet of mouth watering words.

```
C E E H W W P A Ë V I U O D A S
I A E R O L L U K A A L I U R P
T T K F I N I A L J B Y I H R X
R O Ë E C H E O M Ë H M H B T T
P I P E R G L Y Ë B T D J S G O
E J U B E E R E B S N H E N I W
O G S D I U T S N I N S U M C Ë
I N R S R S O B Ë E S Ë P J E E
B E F O E A S T S Ë T K U A C C
W Q C C R O S N R R H I O L R L
C H I C K E N R N N P A S T E R
T S O W I B I F T E K N L Ë A I
N I C K T B S F P R T A R P M R
Ë M O P E A I P O E S E N I I K
Y O G U R T E P D S V O Ë R E R
C Y I T I R R E D H S I M K E E
```

BEEF	BIFTEK
BEER	BIRRË
CAKE	KEK
CHICKEN	PULË
COOKIES	BISKOTA
HONEY	MJALTË
ICE CREAM	AKULLORE
LAMB	MISH QENGJI
OIL	VAJ
PEPPER	PIPER
PORK	MISH DERRI
SALT	KRIPË
SOUP	SUPË
WINE	VERË
YOGURT	KOS

A fruit is the part of a plant that surrounds the seeds, whereas a vegetable is a plant that has some other edible part. Tomatoes, cucumbers and peppers are three examples of fruit that are often classified as vegetables.

```
N O M Ë U L Ë T S N E I E F M H
S E I R R E B W A R T S W G F D
B R O A A O R A N G E A J Ë R A
K G R A P E F R U I T T G N D N
U U I P J E P Ë R E N E Ë I A A
L P M H I L D R R A H A W H R N
I L O B U N E M L S C S X S D A
E I A M U B E P Ë I S L U U H S
B M Ë K E L G A N E L Ë D R Ë L
O O L U O G L O P Ë R K N R R N
S N L N E T R A T P G H O G M G
T B Y I U O R A F I L S L N N S
A E H E B G P O N O S E E Ë N A
N T T S H C A E P A O J M L V O
G O E M A P R I C O T P A O F A
L U L E S H T R Y D H E I K N H
```

APRICOT	KAJSI
BLUEBERRIES	BORONICA
EGGPLANT	PATËLLXHAN
GRAPEFRUIT	LËNG RRUSHI
GRAPES	RRUSH
LEMON	LIMON
MELON	PJEPËR
ORANGE	PORTOKALL
PEACH	PJESHKË
PEAR	DARDHË
PINEAPPLE	ANANAS
PLUM	KUMBULL
POMEGRANATE	SHEGË
STRAWBERRIES	LULESHTRYDHE
WATERMELON	BOSTAN

There are more than 7000 different varieties
of apples being grown around the world today.
Check out our produce section below for some
more fresh and tasty fruit.

```
J  T  H  B  B  T  R  M  K  U  N  G  U  L  L  L
E  M  M  A  N  A  F  E  R  R  A  G  N  I  I  E
Y  J  Z  N  Y  W  N  Q  P  R  V  S  M  H  A  G
R  E  U  A  E  E  E  A  E  P  E  E  S  S  R  E
E  D  C  N  E  R  L  P  N  I  E  E  A  E  C  S
U  Ë  C  A  S  R  U  L  R  E  J  P  E  J  H  C
K  R  H  H  D  M  A  R  O  N  H  N  D  C  E  R
R  U  I  D  P  O  E  S  O  W  P  G  A  E  R  H
O  T  N  K  R  B  M  M  P  E  P  N  B  P  R  T
W  F  I  G  K  E  I  A  P  B  T  E  O  S  I  Ë
R  N  I  C  U  L  V  P  T  A  E  O  P  A  E  E
I  U  A  K  N  L  E  I  L  E  F  R  M  P  S  O
Ë  L  L  O  M  R  L  O  C  Q  H  N  R  A  E  R
B  A  K  U  N  G  U  L  L  E  S  H  Ë  I  T  R
R  Ë  P  E  J  P  C  E  V  A  P  P  L  E  E  O
U  R  S  P  E  C  I  K  U  Q  H  S  A  U  Q  S
```

APPLE	MOLLË
BANANA	BANANE
BLACKBERRIES	MANAFERRA
CANTALOUPE	PJEPËR
CHERRIES	QERSHI
FIG	FIK
GREEN PEPPER	SPEC JESHIL
LIME	LIMON JESHIL
PUMPKIN	KUNGULL
RASPBERRIES	MJEDËR
RED PEPPER	SPEC I KUQ
SQUASH	KUNGULL
TOMATO	DOMATE
YELLOW PEPPER	SPEC I VERDHË
ZUCCHINI	KUNGULLESHË

A 2013 study estimated that up to 87% of people in the United States do no consume their daily recommended portion of vegetables. Here is a list of vegetables that you should probably be eating more of.

```
C Ë L A K Ë R J E S H I L E P C
F E E C S R E W O L F I L U A C
E T T E H O A Y O S L U B B T G
I Ç E L P B R O K O L I B E A A
Ç Q L E A O H A C E Z A T R T R
L C A R R O T C L E G I L X E T
D H K Y G O O A L E T I B G M I
L A K Ë R R K E T G C R E E A C
M Ç S R B Ë O W R O A U E H R H
N O A P R Q K E S H E S T Q U O
N K I Ë I A E O X A U S S T L K
O S E L I N O N Ç D Ç D Ç I E E
E A E N P I A A O I T H H L J L
N Ë P E Q P E C D I T R R Ë O H
X O A A H S C E H T N R Ç R R T
Y S U G A R A P S A D O A D R L
```

ARTICHOKE	ARTIÇOKË
ASPARAGUS	SHPARG
BEETS	PANXHAR
BROCCOLI	BROKOLI
CABBAGE	LAKËR
CARROT	KARROTA
CAULIFLOWER	LULELAKËR
CELERY	SELINO
GARLIC	HUDHËR
GREEN PEAS	BIZELE
KALE	LAKËR JESHILE
LETTUCE	MARULE
ONION	QEPË
POTATOES	PATATE
SPINACH	SPINAQ

There's no place like home. Below is a list
of words that are related to house and home.

```
D F E L I V I N G R O O M I I M
H H D G P M O O R G N I N I D H
O Ë A C Ë O U D R I T A R E D A
M N D T T O N J R A O B O R R W
A I W Ë H R Ç B G I W E A H I S
E H N A S H A A C Ë V G D N Ë S
N Z Ç S L T T Z G B M E D S J A
G U I A B A I A T H E O W I P O
R K T F P B R M V E W D H A D X
Ë E I E B A S E M E N T R D Y L
N H H T Z D R N A U R T T O Ë F
I L N H C Ç Ç T L I A K E N O M
E S U O H H O I M M B C D O U M
S G A R A G E I E E N I R T H N
C T D H O M Ë N D E N J E J E T
A E A A Ë S T O F Ë S T L L H R
```

APARTMENT	APARTAMENT
BASEMENT	BAZAMENT
BATHROOM	BANJO
BED	KREVAT
BEDROOM	DHOMË GJUMI
DINING ROOM	DHOMA E NGRËNIES
DRIVEWAY	OBORR
FENCE	GARDH
GARAGE	GARAZH
HOUSE	SHTËPI
KITCHEN	KUZHINË
LAWN	LËNDINË
LIVING ROOM	DHOMË NDENJEJE
ROOF	ÇATI
WINDOW	DRITARE

It is estimated that one tenth of all furniture purchased in Britain comes from IKEA. Perhaps you have assembled a few of these items yourself.

```
Ë D D T D S S V Ë K E I L C J E
Ë B W A S H I N G M A C H I N E
F I M R T K Ë E S Ë R A H T Ë C
Ç T I A T A V O L I N Ë A N A A
W N L O L L B N D D Ç R I E V L
Ë E I T H L I L E N R H S Z I P
E R Q Ç E Ë A L E D S Y A E N E
L O O P G N I M M I W S E S I R
O K X E D E I E P Z M C Ë R A I
G Ë H R R E B B T U T N O D T F
E S A D E T V U U I S O A T R A
N E K E S A A C T R M B I Ë U U
S H E L S L A X I H M Y I L C C
G S I K E V L A V A T R I Ç E E
X F Ë T R Ç T I L T C A R P E T
D D D S P S M L E S O A B U F E
```

BATHTUB	VASKË
CARPET	QILIM
CHANDELIER	LLAMBADAR
CURTAIN	PERDE
DRESSER	BUFE
DRYER	THARËSE
FAUCET	RUBINET
FIREPLACE	OXHAK
LAMP	LLAMBË
SWIMMING POOL	PISHINË
STAIRS	SHKALLË
TABLE	TAVOLINË
TOILET	TUALET
VACUUM	FSHESË KORENTI
WASHING MACHINE	LAVATRIÇE

Here is a list of some more common household items and modern conveniences. Search the grid for the words listed below

```
S A N Ë O C E I L I N G F A N Ë
N P E J D X E T Ë M C R C L P H
T V E M A E H R M Y E H C Y J P
W R E W O H S A I S A N R Ë A T
R O D I R R O K K I E W R L T C
O T L T T N I U R V Ë Y L N A T
F A E L T A E W O L Q O A L L R
Y R R I I S V T V S D N V O A E
A E I N E P E O A E U L A A R H
M G N G D S N P L G S L M T Ë S
N I E M O B A N Ë I H H A I S A
R R R L I R A S S R N S N E E W
X F C R P H I I Y R O Ë O E E H
R E C L O N C F M A T T R E S S
N R T L K R I N E K Ë T S A J I
M Ë A H J B I I H R K E H S Y D
```

CHAIR	KARRIGE
CEILING FAN	FRESKUESE
CHIMNEY	OXHAK
CLOSET	DOLLAP
CRIB	DJEP
DESK	TAVOLINË
DISHWASHER	PJATALARËSE
HALLWAY	KORRIDOR
MATTRESS	DYSHEK
MIRROR	PASQYRË
OVEN	MIKROVALË
PILLOW	JASTËK
REFRIGERATOR	FRIGORIFER
SHOWER	DUSH
SINK	LAVAMAN

Table setting etiquette dictates that the forks be placed on the left hand side of the plate and knives on the right. Here are some items that you might find on your table, probably in the wrong location.

```
E N K R O F I L X H A N T P D E
M B U L E S Ë T A V O L I N E M
T L Ë U R E U E A O U T U V H Ç
V W G G N U R I P G C Ç P N T E
D P U Ë O H T S Ë H Ë J G A O E
O H L Ç R T A G E Y A N B Q L K
B T K A U E J R O T T L A S C R
S O H J T E P K Ë T E C E P E I
P N W I L E S I N S Ë M I P L P
Z T A L K O A A P I U V P T B Ë
A E E A T Ë P O T G F E E H A T
E K H C O K O S F L P E R R T O
U E A W I N E G L A S S T E E G
N L T N G A J P D S P O O N E S
B D A T Ë F R I H S H U M C S W
S D E H T L E E G S T O L L T Q
```

BOWL	TAS
FORK	PIRUN
GLASS	GOTË
KNIFE	THIKË
MUG	FILXHAN
NAPKIN	PECETË
PEPPER	PIPER
PITCHER	KANË
PLATE	PJATË
SALT	KRIPË
SPOON	LUGË
TABLECLOTH	MBULESË TAVOLINE
TABLESPOON	LUGË GJELLE
TEASPOON	LUGË ÇAJI
WINE GLASS	GOTË VERE

Time to get out the tool box and do some repairs on our vocabulary. Try to hammer a few of these words and their translations into you brain.

```
U G T D E Ë D H O Ë E N U T H D
S H K A L L Ë O W A R G U E T F
C S L D T I R R L N O R S O B C
R E F O Q C E E Ë Z I L A P S Ç
E R O E Q N V E H E V V W H I Ë
W U H T C E T D L S B A E B S Ç
D S F H L P Ë Ë R U A S Ë L E Ç
R A B R O N D E L E S W D W A N
I E O T Ç I I O Ç H M S I J R J
V M L D V L N R Ë T E M V L O R
E E T A P F S N C E E S A Ç S E
R P Ç O D E C H N R L D A H R Ë
Ç A I E B D R O A L E L C A O H
K T B N L Ç E K I Ç A S E L R Ç
H U S E C D W R L H C H Ç H I Y
A Ç E O Ç Ë D E D N Ç E H M S Ç
```

BOLT	BULON
DRILL	TURIELË
HAMMER	ÇEKIÇ
LADDER	SHKALLË
LEVEL	NIVEL
NAIL	GOZHDË
NUT	DADO
PENCIL	LAPS
PLIERS	PINCË
SAW	SHARRË
SCREW	VIDË
SCREWDRIVER	KAÇAVIDË
TAPE MEASURE	METËR
WASHER	RONDELE
WRENCH	ÇELËS

Globally there are 1.2 billion pairs of jeans sold annually. That is a lot of denim! Take a look at this list of other common articles of clothing.

```
L Q A T X D P A N T A L L O N A
H E D E H H R D S M N H O E I G
N J C R C E E E A O L E C R L E
T O O F F U O H S E O K T R E T
Ë J L W G H Z E S S T E R I Ç N
S N M L S I H B H I W L S P O L
H A D H P C Y A E Ë E E C A R B
K B M C Y Ç L Ë T L T J A N A A
U Ë T A T L T E P F T D R T P T
R B F E J A K Ë P U C Ë F S E H
T O X E V A O I J S T R O H S R
Ë R I A H P P C E T O F N H W O
R R R X A O V V J A V C T D K B
A K H S A R O D B N H E K I E E
D Y T W Ë L E P A K U W R S Ç H
D Ë F H G U Z A V E S T O A C D
```

BATHROBE	RROBË BANJOJE
BELT	RRIP
COAT	XHAKETË
DRESS	FUSTAN
GLOVES	DORASHKA
HAT	KAPELË
NECKTIE	KRAVATË
PAJAMAS	PIZHAMA
PANTS	PANTALLONA
SCARF	SHALL
SHOES	KËPUCË
SHORTS	pantallona TË SHKURTËRA
SOCKS	ÇORAPE
SWEATER	TRIKO
VEST	JELEK

More than 2 billion t-shirts are sold each year! How many of these other items can be found in your closet?

```
E J N A B A B O R R M A Q N A D
M C T Ç O O W R I S T W A T C H
H M R I O P S Ë A M H I E R Q H
S R I A T A I S H O K I O M N B
D F K T S P W P B S R T R U T R
N I S U T I E N A Y I Ë U T R A
E E C M M O I N E U Z M D S N C
R S C S N N D I S S L Y Ë O G E
B N U K C A T D N E E T L K R L
Ë I H S L W S A N D A L S Y V E
T H Ç E O A E D C I A H A A K T
O X I B T J C R S T R M E V Ç E
E A Z F H V E E N W L H X B Ç O
Y E M S I Z R A E W R E D N U K
S R E D N E P S U S N O Ë Ç Ë H
N V Ë N G J E R D A N A E A M Ë
```

WRIST WATCH	ORË DORE
BOOTS	ÇIZME
BOW TIE	PAPION
BRA	SUTIENA
BRACELET	BYZYLYK
CLOTHING	VESHJE
JEANS	XHINSE
NECKLACE	GJERDAN
SANDALS	SANDALE
SHIRT	KËMISHË
SKIRT	PANTALLONA
SUIT	KOSTUM
SUSPENDERS	ASKI
SWIM SUIT	RROBA BANJE
UNDERWEAR	TË BRENDSHME

The majority of people take less than half an hour to get ready in the morning. Some can be ready in less than 5 minutes, whereas some take over an hour. Here is a list of things that might be a part of your morning routine.

```
S S O L F L A T N E D R S A P U N
E C I A E P I Q O D M E S H P F I
R T O R A N U P E O S U C Q U G H
H H H R T K T O S N T O F R E Z A
T S F A Ë L D E E T N H Ç R A F I
K U Ë Z R O E L K D I Ë P J E S R
M R U B R Ë T L I O D C I A H P D
S B E A M C S T T H N K K A S M R
C H N H A Ë I E Ë N A T M F A T Y
F T B T Ë O H M F M A P A K W R E
J O N A N R B D L L O R E K H H R
O O B E T Ë O M Ë D O U O O T O A
C T R K S I R B O T P K S D U I Z
N D S H A M P O O C S M Ë G O C O
U D O E J O G E S Ë R A L S M E R
Ë A A M I R A T N E D E P N H A D
T Ë P O O L T U W A Ç B A L S A M
```

COMB	KREHËR
CONDITIONER	BALSAM
CONTACT LENSES	LENTE KONTAKTI
DENTAL FLOSS	PE DENTAR
DEODORANT	DEODORANT
HAIR DRYER	THARËSE FLOKËSH
LIPSTICK	BUZËKUQ
MAKEUP	MAKIJAZH
MOUTHWASH	LARËSE GOJE
PERFUME	PARFUM
RAZOR	BRISK
SHAMPOO	SHAMPO
SOAP	SAPUN
TOOTHBRUSH	FURÇË DHËMBËSH
TOOTHPASTE	PASTË DHËMBËSH

Places to go and people to see. Here are some places that you might visit around town.

```
T L Y D O N O I T A T S E R I F
A J F R E O O Q E D E E Z U M T
A S T A D I U M A E M R V U R Q
N U Ë M R E F L S U A O I O L Y
O P T T H M D N S B X D P H A Ë
I E L M S U P E R M A R K E T A
T R G I U O U O P T I R Z C I I
A M L D G M P G S A C Y T I P Z
T A H Y I H U E N T R H A F S J
S R W Q A R T Y A Ë O T B F O A
N K F A Ë L B H C R W F M O H R
I E A N O H T O O T Y O F E T R
A T R O P O R E A U O Z I I N I
R R H V Ë L L O K H S U A R C T
T C S T A C I O N T R E N I O E
S P I T A L G N R L S T Z G O S
```

AIRPORT	AEROPORT
BAR	BAR
BRIDGE	URË
DEPARTMENT store	DYQAN
FARM	FERMË
FIRE STATION	stacioni I ZJARRIT
HOSPITAL	SPITAL
LIGHTHOUSE	FAR
MUSEUM	MUZE
OFFICE	ZYRË
POST OFFICE	ZYRA E POSTËS
SCHOOL	SHKOLLË
STADIUM	STADIUM
SUPERMARKET	SUPERMARKET
TRAIN STATION	STACION TRENI

The weekend is finally here. Where to you feel like going tonight? Here are some more places you can visit.

```
S Ë U N I V E R S I T Y A F D A
T Z Ë G K Ë S H T J E L L Ë Ë P
A E T N A R U A T S E R A P O S
C R T O R R O F F B W I O H P T
I R H I E B H B O A T D S A E C
O A E Y S E A I R K R E E R R G
N V A L T R R N R A E M A M I N
P C T G O A E A K F H C A A S J
O A E Ë R H P V F Ë E Ë T C T Ë
L S R B A R O O I M D E D Y I L
I T I K N W C T E N A Q Y D K S
C L F T T P P T E T U A D N E N
I E H H O T E L Ë L C R A H R T
E R Ë R Y R A R B I L B T Ë O L
O U T D Y Q A N K A F E J E T E
T N O I T A T S E C I L O P S T
```

BANK	BANKË
CASTLE	KËSHTJELLË
CEMETERY	VARREZË
COFFEE SHOP	DYQAN KAFEJE
HARBOR	PORT
HOTEL	HOTEL
LIBRARY	LIBRARI
OPERA HOUSE	shtëpi OPERISTIKE
PARK	PARK
PHARMACY	FARMACI
POLICE STATION	STACION POLICIE
RESTAURANT	RESTORANT
STORE	DYQAN
THEATER	TEATËR
UNIVERSITY	UNIVERSITET

Road trip time! Hop in your car, turn up the music and hit the open road. Make sure you study this list of road worthy translations before heading out.

```
T H G I L C I F F A R T W Z C N
L N A R Z K I F A R T Q B H Ë T
M N O I M A K F U N T A Z O N T
Z A G L E T G G F E L U I E J D
D E Ë L L O Ë N B A B R D O Ë T
N N Ç S C L S B O O R I P T K E
G D Ç T Y G E A T I S T E S A E
U A H O C N M U C K C L Ë U L R
O L S P R I A T A C K A T G I T
Ë I O S O K F O R I I O T S M S
Ç M Z I T R O M Ç U M D R S S Y
Y I S G O A R O H O C O E U H A
R T B N M P T B B T K K B N E W
W Z G A S O L I N E N A L N T E
C T D E M I L L O E H E E E T N
J A Y G E E T B G N I K R A P O
```

AUTOMOBILE	AUTOMOBIL
ACCIDENT	AKSIDENT
BUS	AUTOBUZ
GAS STATION	STACION GAZI
GASOLINE	GAZ
LANE	KORSI
MOTORCYCLE	MOTOÇIKLETË
ONE-WAY STREET	rrugë NJËKALIMSHE
PARKING LOT	PARKING
ROAD	RRUGË
STOP SIGN	shenja E NDALIMIT
TRAFFIC LIGHT	SEMAFOR
TRAFFIC	TRAFIK
TRUCK	KAMION

There are many interesting ways of getting from A to B. Which mode of transportation will you choose?

```
E N A L P R I A N B I C Y C L E
S U B M A R I N E T N M F H U N
Ë P T L A Z S C E A E R T S N I
T R R F B J N G L O E A E C D A
E O Y O A A A P T T N I N H Ë R
D R A A L R O M P K C A E O R T
N T W U T R C O B I G L C O M E
Ë E B S E F K R L U I S T L E L
N M U A Y I E O E C L P E B J K
A E S N L K P R O V A A O U A I
F O R E A Ë N P R I O V N S S Ç
H R H T N S T N N Y F H A C T I
P O L I C E C A R T A N K R Ë B
H A K I R S F I R E T R U C K A
D A U T O B U Z S H K O L L E Ë
M L H X D T H N W N C A N G R O
```

AIRPLANE	AEROPLAN
AMBULANCE	AMBULANCË
BICYCLE	BIÇIKLET
BOAT	VARKË
CANOE	KANOE
FERRY	TRAGET
FIRE TRUCK	ZJARRFIKËSE
HELICOPTER	HELIKOPTER
HOVERCRAFT	LUNDËR ME JASTËK
POLICE CAR	MAKINË POLICIE
SCHOOL BUS	AUTOBUZ SHKOLLE
SUBMARINE	NËNDETËSE
SUBWAY	METRO
TANK	TANK
TRAIN	TREN

Here are some popular languages from around the world. Maybe you already know one or two of them.

```
R C T E A H C N E R F P M K Ë A Z
O A H S T H S I L G N A O F Ç T Ç
T H S I L A T I A K N R R L E M Y
C S I G E R M A N D E Ë T T I T G
P I Q C I B A R A A N E H O O S C
Ç L E Ë V R V R N G P S R P H A H
Ç G R Ç R I I Ç J A I S O G K H Y
E N G E Z N E I S B E R Y I P H G
A E N S G E T T A P T R N K O E W
M E A U A S N R N U A E O N L B R
E E I K H D A O G A Z N A K O R U
L E L S T U M U P Ç M I J L N A S
T J A P A N E S E A S E I I I I I
I D T S T S Z D Z S J Q S A S S S
M A I I E Ç Ç A U W E R B E H H H
Ç D L I G J E R M A N I S H T T T
S B Q T H S I L A G U T R O P G Ç
```

ARABIC	ARABISHT
ENGLISH	ANGLISHT
FRENCH	FRËNGJITSH
GERMAN	GJERMANISHT
GREEK	GREQISHT
ITALIAN	ITALISHT
JAPANESE	JAPONEZÇE
KOREAN	KOREANÇE
MANDARIN	KINEZÇE
POLISH	POLONISHT
PORTUGUESE	PORTUGALISHT
RUSSIAN	RUSISHT
SPANISH	SPANJISHT
HEBREW	HEBRAISHT
VIETNAMESE	VIETNAMEZÇE

Statistics suggest that the average person may change careers 5-7 times in their lives.
Thinking about a change? Why not try one of these great professions?

```
V Ç M T C T O L I P E O N C E S A
R Ç R E Q L R T S I T N E D W F D
U O L O N E A I E L H K A O L E W
T O T T H G K W I S U S R T N N P
S Ë S C T I I L Y Z D O K T O R O
I Ë A E A S W N H E N E I G F Ç L
R E K T U A I I E U R S T E I Ë I
T W Ë I A S N Ç R E T N E P R A C
A R I H F I Ë S I A R R K O E L E
I Z O C E R E M K R E T T Z F H O
H H E R H O R O O I T C N T I I F
C X E A Ë E V A N S O K I O G R F
Y T A E F A F I J D D A E C H P I
S X L N I S H Ë R Z O Y A L T I C
P P I H H X N A I C I R T C E L E
M A R A N G O Z S Y A K T O R O R
E I C I L O P R E C I F O T O T A
```

ACTOR	AKTOR
ARCHITECT	ARKITEKT
CARPENTER	MARANGOZ
CHEF	KUZHINIER
DENTIST	DENTIST
DOCTOR	DOKTOR
ELECTRICIAN	ELEKTRIÇIST
ENGINEER	INXHINIER
FIRE FIGHTER	ZJARRFIKËS
LAWYER	AVOKAT
NURSE	INFERMIERE
PILOT	PILOT
POLICE OFFICER	OFICER POLICIE
PSYCHIATRIST	PSIKIATËR
TEACHER	MËSUES

What did you want to be when you were growing up? Was it one of these professions?

```
T E L T A K W C A T N N N O B T H
S P O L I T I C I A N T A I L O R
I K W D R T N L K N S E E X N I E
R E H C T U B I U I A R T I S T S
O J F E E S T S T A C H Q T R L L
L M D C E I I N Ë R R S C R E U L
F S X T L E E T E P K D K E B L O
I Ë E O D I M C R I E Ë I B M I G
Ë M P T C H N O N A R Q E H U S A
G H Ë S I A S A M C T R A T L H R
I I Y N D S K K I U B H E B P T I
E D E T E E A M O E S D L B O A T
T N Ë F M S T Ë R T N I G E R R A
Y Y O T A A T S H K E N C Ë T A R
E R R P R O F E S O R N R I E E B
P E T N A T N U O C C A E E A D W
E N A W P Ë T A O M U Z I K A N T
```

ACCOUNTANT	LLOGARITAR
ARTIST	ARTIST
ATHLETE	ATLET
BARBER	BERBER
BUTCHER	KASAP
DANCER	KËRCIMTAR
FLORIST	LULISHTAR
MECHANIC	MEKANIK
MUSICIAN	MUZIKANT
PARAMEDIC	NDIHMËSMJEK
PLUMBER	HIDRAULIK
POLITICIAN	POLITIKAN
PROFESSOR	PROFESOR
SCIENTIST	SHKENCËTAR
TAILOR	RROBAQEPËS

There are thousands of unique and challenging careers out there to choose from. See if you can locate the following careers in the grid below.

```
D F E R M E R A T E Z A G N R A D
A T Z O N H N V R D P S B R E O Ë
F U S H T A R E E H D G Z E I E L
A L T I E B I E A T T R R M T Ë S
R P I P L D P R V R E A H R S H S
M E Ë G L A M Ë A I D R A A O O B
A S T O H A N N R N R T I F P A U
C H S R C T S R E K I D E N R A S
I K H I T L A J U I T R I T E I D
S A S N A C G T T O A H E X E R R
T T W T L R G S T U J N Y T A G I
S A O I A E I H T E D E Ë E E T V
I R A T H S P O K E N N W D S V E
R M D E K E B E R L P D B E B T R
A T P A A U R E N E D R A G L T T
B E T T Z F I S H E R M A N T E T
H V B I L I Ë S E D R A U J T S R
```

BARTENDER	BARIST
BUS DRIVER	SHOFER AUTOBUZI
FARMER	FERMER
FISHERMAN	PESHKATAR
FLIGHT ATTENDANT	STJUARDESË
GARDENER	KOPSHTAR
JEWELER	ARGJENDAR
JOURNALIST	GAZETAR
MAIL CARRIER	POSTIER
PHARMACIST	FARMACIST
SOLDIER	USHTAR
TAXI DRIVER	TAKSIST
TRANSLATOR	PËRKTHYES
VETERINARIAN	VETERINER

In 2015, the New Horizons spacecraft successfully completed the first flyby of dwarf planet Pluto. There is still so much to see and explore in our own solar system. Here are some key words from our celestial backyard.

```
A R T I E E T N T P S H F R S Q
S O T U L P M J Z D L T L U A N
T L Ë D D L O N V E D U N H T K
E L T Ë B I O E A L K E T S U I
R E I O L I N P E A V O M O R E
O I J L D U A T J G I Ë M E N I
I D E O S I R U K R Ë M T E H I
D I A I D I P N R R L A P J T E
D M M Ë S I N I R S R T U R R Ë
S E H E T R O R H K U P P H A O
E T H E R E A R U N I N Ë Ë E S
Y S R B S C O M E T E N A K O T
A I N A R U U R E T A R C R Z T
I S U N A I S R R G S S E T U R
N O G M M E T S Y S R A L O S C
S S N G Y O T T R O N Q H L E S
```

SOLAR SYSTEM	SISTEMI DIELLOR
MERCURY	MËRKURI
VENUS	VENUSI
EARTH	TOKA
MOON	HËNA
MARS	MARSI
JUPITER	JUPITERI
SATURN	SATURNI
URANUS	URANI
NEPTUNE	NEPTUNI
PLUTO	PLUTONI
SUN	DIELLI
CRATER	KRATER
ASTEROID	ASTEROID
COMET	KOMETË

Here are some musical instruments to get your foot tapping and your hands clapping.

```
P E N I R U O B M A T T H R H J
E F I Z A R M O N I K Ë A U U A
N H I I B C A N J T Ë P R A H D
G I Ë B U T C D V G N E P L L D
U V S T T T I O T T I M D E A M
I V I O L I N J R R L M Ç J B H
T T T F T A O O O D O N R N A T
A R R S I W M I M S I E S R G G
R Ç U P N B R N B L V O M R P D
I E M M O S A X O P H O N E I E
K R P N P R H I N F N M F D P Ç
V I E I Z E V N T I O T E T E C
T P T T A G T E K L E S U A S C
A N T A A N D Ë L O E A K R M Ë
T A C D R B O E T U L F D A K V
E Ç H D O Ë C R Ë F D R U M S Ë
```

ACCORDION	FIZARMONIKË
BAGPIPES	GAJDE
CELLO	VIOLINÇEL
DRUMS	BATERI
FLUTE	FLAUT
GUITAR	KITARË
HARMONICA	HARMONIKË
HARP	HARPË
PIANO	PIANO
SAXOPHONE	SAKSOFON
TAMBOURINE	DAJRE
TROMBONE	TROMBON
TRUMPET	TRUMPET
TUBA	TUBË
VIOLIN	VIOLINË

This puzzle might make you happy, angry, or maybe even a little confused. See if you can complete this very emotional puzzle by finding all of the words in the grid.

```
N E H R U S M Ë J C Ë O Ë D R G
D E T R A U Z I R P R U S I A E
T J R Y C O N F U S E D E I U E
N A V V D E I R R O W A S S S F
I O R C O N F I D E N T U I Ë I
N M I U J U D K R E N A R G T G
G Ë Ë C S U S Ë Z W E G P U E Ë
A H J R O O E S N O S O R R Q Z
Z S A R Z M T U N C V P I T H U
Ë P P P R I E A A O Ë R S F S A
L R T I P X T R N R I M E H I R
L U N A C Y E U U I I T D N Y G
U T M I N D O A R F I B O R E D
A I T A D G R U T I Z R Ë M I A
R E M B A R R A S S E D V L E S
D Ë N V N R U Y I T Z U F N O K
```

EMOTION	EMOCION
HAPPY	I GËZUAR
SAD	I MËRZITUR
EXCITED	I NGAZËLLUAR
BORED	I MËRZITUR
SURPRISED	I SURPRIZUAR
SCARED	I FRIKËSUAR
ANGRY	I INATOSUR
CONFUSED	KONFUZ
WORRIED	I SHQETËSUAR
NERVOUS	NERVOZ
PROUD	KRENAR
CONFIDENT	I SIGURT
EMBARRASSED	I TURPËRUAR
SHY	I TURPSHËM

If you are feeling any symptoms of the following conditions it might be time to visit the doctor. When you are feeling better the words below are waiting to be found.

```
O D Ç N C A L T H S W R S G Ç T
S A W H S D N E M E J R R A M D
C D M Ë L H I T E B A I D X I I
R H S A R I A A H L P D E N N A
A I I E E M E Ë B I P W A F N R
M M Ë C R B S V L E E U E C M R
P B N E K J U R N S T K Ç E H H
S J V N S E A L T E S E R R G E
L E U O E K N R F I H R S U R A
F B A S L O O P O F A D O H L A
E A D E S K E N O I T C E F N I
W R L B E E W A D X Ë O T I N N
H K O L L Ë O C E O T E H O L Q
T U C E J T I D O G I T E J G Ç
Y G R E L L A L E R G J I O E T
L T Ë D N U H A G N K A J G B T
```

ALLERGY	ALERGJI
CHICKENPOX	LI E DHENVE
COLD	FTOHJE
COUGH	KOLLË
CRAMPS	DHIMBJE BARKU
DIABETES	DIABET
DIARRHEA	DIARRE
FEVER	ETHE
FLU	GRIP
HEADACHE	DHIMBJE KOKE
INFECTION	INFEKSION
NAUSEA	MARRJE MENDSH
NOSEBLEED	GJAK NGA HUNDËT
RASH	PUÇRRA
STROKE	GODITJE

Study these maladies so you can develop a healthy bilingual vocabulary.

```
V L N L A N D R Y D H J E L H D
P S V O T C O Ë S A S T M Ë E H
H N D H G N C I S S U R I V A I
P Ë Ë D E D Y I S P T F G E R G
L R N A J Ë S A D S R E R B T A
O F E E N Ë P S M E U A A U A T
J M G R R E E F J H N C I R T Y
L I A I J G L T R C T T N N T H
E D X K L E I E T A R S E O A S
S N G R S D P M S H C E A U C U
E S L I N I E T C C Ë T M Y K R
G V U O L A D F R A K T U R Ë I
E R R E S E H E P M E U M R Ë V
B T P L T N T Ë N O G C P D E R
E S E R M E Z K A T A R S R I T
I S D H I M B J E S T O M A K U
```

ACCIDENT	AKSIDENT
ASTHMA	ASTMË
BRUISE	E NXIRË
BURN	DJEGIE
CONCUSSION	TRONDITJE
CUT	PRERJE
EPILEPSY	EPILEPSI
FRACTURE	FRAKTURË
HEART ATTACK	ATAK ZEMRE
MEASLES	FRUTH
MIGRAINE	MIGRENË
MUMPS	SHYTA
SPRAIN	NDRYDHJE
STOMACH ACHE	DHIMBJE STOMAKU
VIRUS	VIRUS

Here are some basic questions and terms that you might hear frequently used in any language. Why? Because. Find these questionable terms and phrases below.

```
E W O A H A A R T Ç D N D N M E
M H O W M U C H Ë E T A Ë G T A
P A W H M E O A E R E H W E N C
L T N A R W S D T S S W H Y Q R
E T S T F I H V R U U S E P S E
H I T A J D T O K H K A N S E T
U M R E S T L Ç D U I Ë C E Ë H
O E N E O T K F F S R S Q E H T
Y I I W A F T A S A Ë H A J B R
N S N N O Q S V D Y R T N A T Y
A I N O M H I D N Ë M Ë T R V S
C T L I H O W A R E Y O U O K N
F A H E S W M S A L A R G I A C
M I C C D W A T Ç Ë T A H E A P
Ç R Ë K O L L A E A N O Ç I I Ë
Y Ç E H I A O W A Y L O V C L I
```

BECAUSE	SEPSE
HOW	SI
HOW ARE YOU	SI JENI
HOW FAR	SA LARG
HOW MANY	SA
HOW MUCH	SA
CAN YOU HELP ME	mund TË MË NDIHMONI
WHAT	ÇFARË
WHAT TIME IS IT	SA ËSHTË ORA
WHEN	KUR
WHERE	KU
WHO	KUSH
WHY	PSE

Table for two? Welcome to our Learn with Word Search restaurant. On the menu are the following helpful and delicious restaurant related words. Enjoy!

```
M E E V A R Ë R E V E A T S I L
L E H U Y D S I Y D A R K A S L
U V Z P Ë R T Ë P I R Ë W T E I
N Ë R E I R A M A K P I T E J B
C N H I R S I E T S N P N Y G E
H Ë V Ë D D E S S E R T S K N H
S R D R R J A S L Ë P M L Ë Ë T
I G I U E F W I S Ë O D E E M U
H N N T K Z S N T O B W K N C Ë
S Ë N A A T I E R Q T M E N U N
K T E F C K C T G E S I Ë T M G
A R R A P E S M E O T U A L E T
B Ë A A P E E S R P F I A A N C
F P N H R Ë Ë A X D P G A A U T
T S A E S R U O C N I A M W O D
S P J A T Ë K R Y E S O R E E P
```

APPETIZER	MEZE
BREAKFAST	MËNGJESI
DESSERT	ËMBËLSIRË
DINNER	DARKA
DRINK	PËR TË PIRË
EAT	PËR TË NGRËNË
LUNCH	DREKA
MAIN COURSE	PJATË KRYESORE
MENU	MENU
NAPKINS	PECETË
RESTROOMS	TUALET
THE BILL	FATURË
TIP	BAKSHISH
WAITER	KAMARIER
WINE LIST	LISTA E VERËRAVE

After that delicious meal it is time to head back to the hotel and relax. Here is a list of hotel words that might help give you a good night's sleep.

```
E  K  I  N  E  I  J  G  I  H  R  Ë  T  E  L  W
G  I  H  O  T  E  L  W  E  Ë  S  A  G  Y  M  R
A  N  O  I  S  P  E  C  E  R  U  H  D  T  O  I
G  T  G  S  Ç  N  K  J  E  E  I  E  E  O  S  Q
G  E  E  I  E  O  H  R  I  Ë  T  R  M  H  N  H
U  R  M  V  L  I  Ë  A  P  N  E  O  Ë  Ç  A  S
L  N  J  E  Ë  T  N  S  H  P  A  R  E  R  S  E
K  E  Y  L  S  P  T  T  A  T  B  T  O  E  H  P
T  T  W  E  G  E  N  P  E  I  K  Z  A  X  Q  D
E  A  L  T  K  C  T  O  M  R  I  S  I  B  E  A
T  A  R  N  O  E  N  D  F  V  N  L  V  D  T  M
P  L  A  T  L  R  H  L  E  E  A  E  E  H  Ë  Ë
B  L  X  I  H  O  H  L  L  V  L  S  T  T  S  M
B  R  O  O  M  S  E  R  V  I  C  E  X  C  O  O
O  T  B  E  D  T  A  O  L  E  W  O  T  E  N  H
O  D  O  N  O  T  D  I  S  T  U  R  B  T  I  D
```

BED	SHTRAT
BLANKETS	BATANIJE
DO NOT DISTURB	MOS NA SHQETËSONI
GYM	PALESTËR
HOTEL	HOTEL
INTERNET	INTERNET
KEY	ÇELËS
LUGGAGE	VALIXHE
RECEPTION	RECEPSION
ROOM	DHOMË
ROOM SERVICE	SHËRBIM DHOME
SUITE	TELEFON
TELEVISION	TELEVIZOR
TOILET PAPER	LETËR HIGJIENIKE
TOWEL	PESHQIR

Were you a good student? Here are some subjects that you may have studied long ago, or may be learning right now. Study these challenging subject translations.

```
S H K E N C Ë K I T A M E T A M
S H D E N G I N E E R I N G R N
I E C N E I C S E V F Ë E J I Y
J E L U R A S I U A T O F U N C
G Ë E A J E F E R M G E S H X W
O S K P N O M G Ë R S C E Ë H L
L I V I Z G O E A B I O N T I E
O N S O Z E U P D S I N Z H N A
I U L Ë J U H A Y I Ë O I G I N
B I Y G K Y M H G E C M B H E Y
F M H G E E P C H E M I S T R Y
H I L T O P J T N I S C N O I I
S K R E A L D M F F T S T E H I
O A E N I M O N O K E S O R A R
Y H P O S O L I H P I F I T A L
F I Z I K Ë N W B H I S T O R I
```

ART	ART
BIOLOGY	BIOLOGJI
BUSINESS	BIZNES
CHEMISTRY	KIMI
ECONOMICS	EKONOMI
ENGINEERING	INXHINIERI
GEOGRAPHY	GJEOGRAFI
HISTORY	HISTORI
LANGUAGES	GJUHËT
MATH	MATEMATIKË
MEDICINE	MJEKËSI
MUSIC	MUZIKË
PHILOSOPHY	FILOZOFI
PHYSICS	FIZIKË
SCIENCE	SHKENCË

Math. Some people love it, and some people hate it. Add these words to your vocabulary and multiply your language skills.

```
M Z O E H E D A H O A T E I E L O
O H N O T L P P J E S T I M F U E
A O I S E Q U A T I O N Z I A G T
H V Y M T M D H G L W W B Z B N E
P T E A I D B J E Q A F R Ë P I S
E O L K I L E L A R A P I M Ë P Ë
R S I T U O L A E R A Ë T U R S T
P O I N M A Y Ë R D K T J H Q U I
E O T E R Ë C R V I H W E S I B R
N L T A U V S I T D T J T R N T A
D R P V L Ë O E O E I H E G D R G
I A E I E U M L Y N M V M W J A O
C G S Z R T C N U H T O I E E C L
U O Y O I T A L R M T Ë E S T T L
L P E R C E N T A G E E Ë G I I Ë
A B A E E N O I T C A R F F D O C
R S M U L T I P L I C A T I O N N
```

ADDITION	MBLEDHJE
AREA	SIPËRFAQE
ARITHMETIC	ARITMETIKË
CALCULATOR	makinë LLOGARITËSE
DIVISION	PJESTIM
EQUATION	EKUACION
FRACTION	THYESË
GEOMETRY	GJEOMETRI
MULTIPLICATION	SHUMËZIM
PARALLEL	PARALEL
PERCENTAGE	PËRQINDJE
PERPENDICULAR	PINGUL
RULER	VIZORE
SUBTRACTION	ZBRITJE
VOLUME	VËLLIMI

It is estimated that globally there are over 100,000 flights per day. Here are some common airport related terms for you to learn while they try to find your lost baggage.

```
N D Ë R K O M B Ë T A R E P X N
N T P U E M F A A E U N A D H E
T B A G G A G E I N Ë S H M I E
B T S V T O R R W R H N Ë T L Ë
I E S L I O D A T A C H A A A T
L K P S P O Y E P P S R N G N D
E C O O L D N O P D O W A T O C
T I R N E A R I N A I R A F I D
Ë T T M T T V E S Y R K T T T T
A E M B Ë R R I T J E T S A A H
Z R D T H B O I R O A E U I N L
H M S H I Z R L F R M J D R R S
A I E D E U A F L O A S G P E A
P N F T C S X G D I E I E O T S
G A T E R M I N A L U N N R N O
T L S M O T S U C B R K Y T I M
```

AIRCRAFT	AVION
AIRPORT	AEROPORT
ARRIVALS	MBËRRITJET
BAGGAGE	BAGAZH
CUSTOMS	DOGANË
DEPARTURES	NISJET
DOMESTIC	I BRENDSHËM
GATE	PORTA
INTERNATIONAL	NDËRKOMBËTAR
PASSPORT	PASHAPORTË
RUNWAY	PISTË
SECURITY	KONTROLLI
TAKEOFF	NISJA
TERMINAL	TERMINAL
TICKET	BILETË

Farming has existed since 10,000 BC. If you work on a farm, or just like eating food, here are a some farm words for you harvest.

```
O S Ë M L O O K I O Ë R F A E O
E Ë D E O Ë T S T Ë E Ë I R N Y
Ë S A C C E C Q Q O T A G T E E
I L R R E D E L E W W M E K M K
Y Ë U O O Q I N G J W B N G I R
T O D P U T E L O R A O I S H U
M L E S S N K Z M T D K C U D T
S S B T E M M A A A U E L W O O
D N T T I E I Ë R O O S T E R E
I E S N I R G I P T D A A E P K
H K M E H O R S E O O S M A A V
H C A X D T H R S G L R O S M A
T I T L A C H Ë B H A A O P L Q
O H H F A A O E U F E R M E R R
E C R M S R O L L T E E J B C D
H I E I I T E D L E J G P L O G
```

BULL	DEM
CHICKEN	PULË
COW	LOPË
CROPS	PRODHIME
DONKEY	GOMAR
DUCK	ROSAK
FARMER	FERMER
GOAT	DHI
HORSE	KAL
LAMB	QINGJ
PIG	DERR
ROOSTER	GJEL
SHEEP	DELE
TRACTOR	TRAKTOR
TURKEY	GJEL DETI

Time to get out there and experience all there is to see. How do you prefer to explore a new city? Try exploring these highly rated sightseeing words.

```
I  T  R  A  I  R  E  L  A  G  M  U  E  S  U  M
R  A  E  N  A  T  T  R  A  C  T  I  O  N  S  Y
U  E  D  I  U  G  R  U  O  T  N  R  J  W  R  E
T  Ë  R  H  E  Q  J  E  C  F  U  R  C  E  F  T
S  I  O  R  C  T  E  T  O  A  R  R  L  W  Ë  S
Ë  A  C  R  E  Ë  N  R  O  Ë  M  L  I  O  T  I
Q  R  M  I  T  M  M  E  N  U  A  E  S  S  S  S
E  U  A  G  N  A  A  O  M  G  R  M  R  N  T  U
H  I  C  U  T  H  J  K  T  U  A  I  O  A  N  V
Ë  N  O  I  C  A  M  R  O  F  N  I  S  N  E  E
H  S  O  D  O  R  A  A  I  E  T  O  Ë  T  M  N
D  N  L  E  G  T  P  P  V  C  D  U  M  K  U  I
U  D  Z  B  E  Ë  A  U  E  O  E  I  A  H  N  R
R  U  S  O  W  W  O  R  T  E  B  M  V  L  O  F
M  R  W  O  O  S  I  E  D  R  E  J  T  I  M  E
P  A  R  K  E  D  I  U  G  R  Ë  B  I  L  L  O
```

ART GALLERY	GALERI ARTI
ATTRACTIONS	TËRHEQJE
CAMCORDER	VIDEOKAMER
CAMERA	KAMER
DIRECTIONS	DREJTIME
GUIDE BOOK	LIBËR GUIDE
INFORMATION	INFORMACION
MAP	HARTË
MONUMENTS	MONUMENT
MUSEUM	MUZE
PARK	PARK
RUINS	RRËNOJA
SOUVENIRS	SUVENIR
TOUR GUIDE	UDHËHEQËS TURI
TOURIST	TURIST

Time to hit the beach for some sun, sand and surf. Below you will find a list of warm beach related words.

```
S U N G L A S S E S O E W D H Ë
T T K E L T S A C D N A S T F N
L E V O H S T T S H V O B T W N
O R D G V J O U A E J O R D D M
Ë Ë S N O Ë N T S W I M M I N G
A R P I C S E A A L L Ë N I A D
E Ë Ë F C K F A L B L L T S S T
N L M R C R D E Ë B E N E D M C
E L E U Ë P I T N Ë I A W I T A
H E B S L D A R N G D Ë C D D T
N J E A E P E H S L M T W H O A
A T Z Z O Q E A N L E T N E R P
E H Y L I F E G U A R D L Ë H T
C S R T T Y A R S D K T S W E U
O Ë L E P A K C Y E I Ë E J M D
N K J S E C I A E G Ë T T U N B
```

BEACH	PLAZH
BUCKET	KOVË
HAT	KAPELË
LIFE GUARD	ROJE
OCEAN	OQEAN
SAND	RËRË
SANDCASTLE	KËSHTJELLË RËRE
SEA	DET
SHOVEL	LOPATË
SUN	DIELL
SUNGLASSES	SYZE DIELLI
SUNSCREEN	KREM DIELLI
SURFING	SËRF
SWIMMING	NOT
WAVES	DALLGË

Is the museum near or far? Is it expensive to get in or not? Start studying these opposite terms, and you may find out.

```
O I Ë I Q T R I N I Ë U E V L E
O W O D B E S S A E Ë P T D M E
W U E S E V N H I H O L P S R T
M L C E O I N D V S U M H R E Ë
E W L S D C F O O T I G P H T T
R T O A Ë E R W M Y G N T J D S
Ë F B L T F Q E K E L M S C U H
T L S H U O N T N E S L L A Ë L
R Y C T B R E Ë D J H L T R Ë E
U B R S E T H A T Ë O A I D E R
K T J D H Ë T L Z A S M R L T E
H E I G O O D A V G J S Ë D D G
S W W L H L R R Ë B I G S H S J
E H D A M E Ë T H S O P E G R E
I R O L A N E Ë Y V U A P I I R
W O R R A N T L E N G U S H T Ë
```

BIG	E MADHE
SMALL	E VOGËL
WIDE	E GJERË
NARROW	E NGUSHTË
TALL	E GJATË
SHORT	E SHKURTËR
HIGH	LARTË
LOW	POSHTË
GOOD	MIRË
BAD	KEQ
WET	E NJOMË
DRY	E THATË
HARD	E FORTË
SOFT	E BUTË

Would you be opposed or in favor of some more opposite words? For better or worse, here are some more words to study and find.

```
C T B H O E R K T F A M T X Y O
A E W F H P I R F V A B Ë E D Ë
O D Ë S H R E A R U L L Y B M S
H D L T O T T N C U E L I R Ë H
M P C O K O E O Ë C P R I G H T
G A B I M A L I C L E A N S S R
S S R Y E D S S U R W O H E M E
F T O H T Ë S Y D Q R A D A R N
F Ë J U T R R O P W Q N F L U J
Ë R V E E Ë I A S C R Ë W H H T
J I Q Ë P T E D Q B L T T I Z Ë
P I M I O H B T S A F O R H H N
V A S H C O S H D T R O S S I P
E E T I N R H A P S N C L E E W
T T E F M G G H I E O I O H D S
Y E X P E N S I V E H G W L S O
```

FAST	SHPEJT
SLOW	NGADALË
RIGHT	SAKTË
WRONG	GABIM
CLEAN	PASTËR
DIRTY	PIS
QUIET	QETËSI
NOISY	ZHURMSHËM
EXPENSIVE	SHTRENJTË
CHEAP	LIRË
HOT	NGROHTË
COLD	FTOHTË
OPEN	HAPUR
CLOSED	MBYLLUR

They say that opposites attract. See if you are attracted to the list of opposite words below. Find them in the grid, or don't.

```
D E H Ë H S O D N Ë H S I O B O
B F I F P W I N I H T U Y O T H
S W I Ë M S N V E D B H Ë E S Ë
T S M A O K G L Ë M Y W E N L S
L A O O E B D R Ë S G T E L Ë A
U R F E Ë L L N Ë O H A P N A P
C D H N O A H S I R S T Y M O S
I S N A T E I H T Ë T S I A E L
F U L O I Ë P M M T A C H R I Ë
F B E B O E B I B E Ë D R G Ë E
I U R L I P L O T J M Ë H H D W
D D D L R L S E D V S T R O N G
R H T U I H O A G I F O R T Ë I
I P S F Ë N R F R A U D D G Ë A
T E W E A K B E G I N N I N G F
Ë S O T S F M P A D D T H R E V
```

FULL	PLOT
EMPTY	BOSH
NEW	I RI
OLD	I VJETËR
LIGHT	DRITË
DARK	ERRËSIRE
EASY	LEHTË
DIFFICULT	VËSHTIRË
STRONG	I FORTË
WEAK	I DOBËT
FAT	I SHËNDOSHË
THIN	ELEGANT
BEGINNING	FILLIM
END	FUND

An antonym is a word opposite in meaning to another. A synonym is a word that has the same or similar meaning to another word. Find the antonyms from the word list in the puzzle grid.

```
L E M K R K I T N U R T D T L M
E E L E W Z T Q E R T D S D A Y
E V W I T R J C F J E G L R W E
G E I W E L I F E O P R E R I I
U Ë O D A N L H E L F A R T T F
U S A S N A A M E V I L S W H Ë
M F L T R Ë A L D V B A I T O O
S M E V O T F G Z R L T K E U Ë
C Q R D P S T Ë E T H E R Ë T Ë
H T C U I H I N A P S H I H T A
C I H P A S D O F A E N S I T U
O C R E T A N V T R E A R L Y H
F A F Ë R C U I E A J A I H S A
A T I O B E F O R E P Y S D M L
E J O U T S I D E I N I U O L P
T E Ë E M H O U I O D Ë A N M E
```

NEAR	AFËR
FAR	LARG
HERE	KËTU
THERE	ATJE
WITH	ME
WITHOUT	PA
BEFORE	PARA
AFTER	PAS
EARLY	HERËT
LATE	VONË
INSIDE	BRENDA
OUTSIDE	JASHTË
FIRST	I PARI
LAST	I FUNDIT

We encounter many different materials on a daily basis. Some are strong enough to hold up buildings and others are soft and flexible. Here is a list of common materials to choose from as we continue to build your language skills.

```
M Z O E H L R N O J M T F Ë E T
R L S A N N E A Ë N E T O S O J
U D H A I E N Ç R I F O T P F E
Ë O A Ç N O Ë Ë U T R E R A R N
L Ç H T H D K I G A E N O T S Y
T T N A M A I D P L A S T I C D
S H F D B O T A P P V B E T O N
S T A T A T S M M Y A L C T N L
M R E I O I A Ë E O T S A A C X
U B E E T T L R R T N L G T R H
N R T D E I P Ç G Ë A D N E E A
I I D R J S C W E J R L V E T M
T A I G L A S S H L E L D Ë E M
A A R E P P O C Ç D I N T O A G
L A I R E T A M G S M K D L O G
P A S I I G E V H E H R L T C W
```

CLAY	ARGJILË
CONCRETE	BETON
COPPER	BAKËR
DIAMOND	DIAMANT
GLASS	XHAM
GOLD	AR
MATERIAL	MATERIAL
METAL	METAL
PLASTIC	PLASTIKË
PLATINUM	PLATIN
SAND	RËRË
SILVER	ARGJEND
STEEL	ÇELIK
STONE	GURË
WOOD	DRU

See if you can handle another shipment of common materials. Be sure to handle each one with care.

```
D N T S L E A D H U E I F L D H
O T Y E C A N Y D A T N A E Ç H
U R T T F W L E T D R D B S P M
E Ë O R P T E W P A P E R T A U
R S K A I T O R C S S O I L N N
U E Ë R U K E H W O P F C Q D I
B O D L S R T G X A T E K I R M
B Z L L X M O R M N R T N F Y U
E Ë B X A M E B K A U F O T S L
R N R M Ë T U R M Ç R T E N H A
E L A U O K P I M T N B N D K Z
H S S U K L C T N E N O L R S E
T N S H U Ë K I M A R E Q E H U
A L U M I N L I H I T D M A Ë L
E X B D W O Ç H N A T I T E M E
L E E T S S S E L N I A T S C E
```

ALUMINUM	ALUMIN
BRASS	TUNXH
BRICK	TULLË
CEMENT	ÇIMENTO
CERAMIC	QERAMIKË
COTTON	PAMBUK
IRON	HEKUR
LEAD	PLUMB
LEATHER	LËKURË
MARBLE	MERMER
PAPER	LETËR
RUBBER	GOMË
SOIL	TOKË
STAINLESS STEEL	çelik i PANDRYSHKSHËM
TITANIUM	TITAN

We've made it through the first half of the book. Time to stop and have something to drink. Can we suggest one of the following?

```
S E Q U K E Ë R E V C D O D P U
S R X C R E E J A Ç Ë O I T I H
O W B M R D C X N T O K V R Ë D
U G H Ç W X O I H A R L O A G T
E T N I H Ë F L U I P I D T I T
U E N U S Y F Ë D J N M K K R N
O E E M Y K E N V O D K A W T R
T H Ë J U I E G N E L P E H R E
M C G M U R K Y A I U N S I S A
Ç C O C B T Ç S C Ç G Ë Ç T S D
T Ç N C E E C U I A M W Ë E E E
O E L F E E D N P U A X E W S A
O T A D R N O M Q T Ë R R I B A
L K Q A G E A N E P B R A N D Y
Ë H I O Ë H D R A B E Ë R E V O
H R W A C A P P U C C I N O L Ë
```

BEER	BIRRË
BRANDY	BRENDI
CAPPUCCINO	KAPUÇINO
CHAMPAGNE	SHAMPANJË
COFFEE	KAFE
GIN	XHIN
JUICE	LËNG
MILK	QUMËSHT
RED WINE	VERË E KUQE
RUM	RUM
TEA	ÇAJ
VODKA	VODKA
WATER	UJË
WHISKEY	UISKI
WHITE WINE	VERË E BARDHË

Review Jumble: The translations in the word list below have been scrambled. Draw lines between the left and right columns to find the correct translations.

```
E I M N N I O R S K V P D H K
Ë T O P E S Ë M B Ë D H J E T Ë
Ë S N V E E I G H T D O A N O V
T O E C T K T X V Y T R E I N Ë
E S E P R W U F M X P K A N J Ë
J I E V I F E B I L T R N J Ë T
H D Ë R H Y Ë L T F N E T T M E
D A O W T D L B V K E I H T B J
Ë T A T H S R A T E C S S A Ë H
B N N J T O E S C F A D N W D D
M N E E T R U O F J Ë Ë N H H Ë
R T T T V B T O G Ë E E J Ë J B
Ë Ë E I N E U U T G T E L L E M
T A T R O R L N Ë N T Ë R T T E
A I S A W N T E N Ë R A R H Ë R
K A R R K E T T T O M Ë I V T T
```

ONE	PESË
TWO	NJË
THREE	NËNTË
FOUR	NJËMBËDHJETË
FIVE	SHTATË
SIX	DHJETË
SEVEN	TETË
EIGHT	KATËR
NINE	GJASHTË
TEN	KATËRMBËDHJETË
ELEVEN	DY
TWELVE	DYMBËDHJETË
THIRTEEN	TRE
FOURTEEN	TREMBËDHJETË
FIFTEEN	PESËMBËDHJETË

Review Time: Draw lines between the English word on the left and the corresponding translation on the right. Refer back to the original puzzle if you need help.

```
R Ë S I X T E E N O I L I M Ë J N
A Y T H G I E S T Y M P S T H N G
D O G E D S I Y T N E V E S Ë J T
I N A J J N H X N S A J J N A Y T
K Ë I I A H I T Ë E H I T S Ë T H
A G T Q B S D D A D E Ë H T I R O
X Ë E E Ë P H Ë Ë T M T E I N I U
A Y T N J J E T B B Ë J N E I H S
E T N E E H N D Ë M H D E E O T A
N F J T J Ë D D B D Ë T H T V W N
T I Ë M N H H Ë Ë O H T N J O E D
T F M V D J D B T G I J A Ë E N S
A O I A E H M I I E Ë R E T M T R
X R J T J Ë E E R Z T S E T H Y Ë
E T Ë E T H H E E T H N N F Ë S N
I Y T E N I N T N O I L L I M G A
C Ë T E Z Y D H U N D R E D Z N O
```

English	Translation
SIXTEEN	SHTATËDHJETË
SEVENTEEN	SHTATËMBËDHJETË
EIGHTEEN	NËNTËDHJETË
NINETEEN	TETËDHJETË
TWENTY	NJËQIND
THIRTY	GJASHTËDHJETË
FORTY	NJËMILION
FIFTY	TRIDHJETË
SIXTY	NJËMIJË
SEVENTY	PESËDHJETË
EIGHTY	TETËMBËDHJETË
NINETY	GJASHTËMBËDHJETË
HUNDRED	DYZETË
THOUSAND	NËNTËMBËDHJETË
MILLION	NJËZET

Review Jumble: The translations in the word list below have been scrambled. Draw lines between the left and right columns to find the correct translations.

```
E Y Y Y E S T E R D A Y O N U N
R N A T I O N A L H O L I D A Y
A A D D D H V I T F W M K D Ë U
T R R I S M R U Ë E H Ë N Ë S T
Ë O U N T R Ë L E I D E K E E W
B V T D U Ë U K S I A S Ë T M Y
M Ë A Y E E E H O N Y J J U A S
O Y S J S N I T T T H N A D R F
K A D Y D G R O M S E R O V T T
A D E A A N M H D E U T Ë J Ë E
T N D D Y O U Ë H C R N D S Ë N
S O N I R A H F X C U P D O E I
E M Ë R K U R Ë I T H E E A E N
F R O F E T S J H S G P H T Y Ë
H W N F I I K S A S M M E A T N
T N Y A D S E N D E W U O C P I
```

MONDAY	E ENJTE
TUESDAY	DITË
WEDNESDAY	E SHTUNË
THURSDAY	E DIELË
FRIDAY	FESTA KOMBËTARE
SATURDAY	DJE
SUNDAY	E HËNË
WEEKEND	E PREMTE
NATIONAL HOLIDAY	FUNDJAVË
TODAY	JAVË
TOMORROW	E MARTË
YESTERDAY	SOT
WEEK	E MËRKURË
DAY	NESËR

Review Time: Draw lines between the English word on the left and the corresponding translation on the right. Refer back to the original puzzle if you need help.

```
E R S N Ë N T O R E B M E C E D
R E A E T W A H S W N N N A B T
T B M B L T L E S J J U N E L H
D M U A J I E D A U M A E O F F
Q E R S H O R G W L G A N M E M
R V O N N I L P A Y Ë T O A B G
E O I Ë N M L O A P O N S J R B
T N T T N D I O L K T G A A U U
A K P E Ë T R U K H S Y C N A A
E M I P T O P R H S E A J U R X
U A R R T C O W R A L M T A Y A
I R Z E R T K A L E N D A R M Ë
H C J A A O M Q N E C R W Y S T
O H E T O B K D D D F T T T T T
D Y H Ë Q E A U G U S T D H U A
O S U B E R E B M E T P E S T T
```

JANUARY	SHKURT
FEBRUARY	VIT
MARCH	KORRIK
APRIL	GUSHT
MAY	MAJ
JUNE	SHTATOR
JULY	MUAJ
AUGUST	DHJETOR
SEPTEMBER	TETOR
OCTOBER	KALENDAR
NOVEMBER	JANAR
DECEMBER	PRILL
CALENDAR	MARS
MONTH	QERSHOR
YEAR	NËNTOR

Review Jumble: The translations in the word list below have been scrambled. Draw lines between the left and right columns to find the correct translations.

```
E N O O N R E T F A H V A N A Ë
T D E P O H E I E R I N O D I C
Ë A I S E R E L S T D N T D R D
Ë P Ë T H S E J V Z K H Y C G R
Y R U T N E C M I N U T Ë O O D
G A E I D J K T M H I I A L O M
Ë N T V X G A U J U R W I K N B
I V I L Y N A A L U S I R T S A
C E D N D Ë U T O L V N Y S E R
A R S T R M T H P Ë F N Ë N E P
A Ë A O E O U G D A Y H D W G F
Z I P T T S M I N U T E D G R A
S E C O N D N N N C H A Ë E F
T S P R I N G U O A M V M R M R
C E U T W C Ë M D H T I W E A Ë
G T Ë G R R D E K A D Ë D T R K
```

WINTER	MËNGJES
SPRING	DIMËR
SUMMER	VERË
AUTUMN	DITË
SECOND	VJESHTË
MINUTE	I DYTI
HOUR	SHEKULL
DAY	DEKADË
MONTH	ORË
YEAR	VIT
MORNING	NATË
AFTERNOON	PASDITE
NIGHT	MINUTË
DECADE	MUAJ
CENTURY	PRANVERË

Review Time: Draw lines between the English word on the left and the corresponding translation on the right. Refer back to the original puzzle if you need help.

```
E I L L A K O T R O P U T O A Ë
N N T E S B E Q H O I E G F A C
D T R T Q M L M A G R E E N V T
E V B S T G R A R U Ë E F G A L
P Q L O O Q I R C R N Z R A E A
U X U W P T J O R K P E E T K H
R H H K J O G A E A Y U D Z Y S
P O E B E I V O V L S L R S E O
U O Z S S S F L L I I B Ë P L E
R N A Ë P D B C I D I H U H L V
T L W I Y D R Y S D D G S N O E
Ë J N H S I V A B R O W N E W R
E K Ë X I E G N A R O I R U J D
P T E A R T Ë B R Ë R Q D F S H
H R L M Ë J E A R G J E N D T Ë
V H U S E M A G E N T A X G S N
```

BLACK	BLU
BLUE	E VERDHË
BROWN	VISHNJË
CYAN	E BARDHË
GOLD	ROZË
GREY	E PURPURTË
GREEN	KAFE
MAGENTA	E ARTË
ORANGE	E ARGJENDTË
PINK	GRI
PURPLE	E ZEZË
RED	PORTOKALLI
SILVER	E KUQE
WHITE	JESHILE
YELLOW	GURKALI

Review Jumble: The translations in the word list below have been scrambled. Draw lines between the left and right columns to find the correct translations.

```
G J A S H T Ë K Ë N D Ë S H C M
T A O E O C C E N I R S T N D T
H S Ë D N Ë K Ë T E T F I P R P
S R Ë D N I L I C A R E I E E G
Ë X G F S O V T R V I R K N J U
D K F N O G A X E H A Ë T B T I
N A R I N N U Z N M N A M D K R
Ë T V R G Ë O C I D G K D M Ë X
K R E L E R P D Ë O L Y I L N N
Ë O E H E T Ë S N Y E O A A D T
S R O D C E H S R O L R M E Ë H
E P N D N O M A I D G L A B S N
P T H O D I M A R Y P A N U H E
S C C E K E L N C U O V T C Q T
H R W X R U O Y H H O O I C S S
P Z E H J E B N C I R C L E O B
```

CIRCLE	KON
CONE	PESËKËNDËSH
CUBE	RRETH
CYLINDER	GJASHTËKËNDËSH
DIAMOND	KUB
HEXAGON	SFERË
OCTAGON	CILINDËR
OVAL	YLL
PENTAGON	TREKËNDËSH
PYRAMID	DREJTKËNDËSH
RECTANGLE	DIAMANT
SPHERE	PIRAMIDË
SQUARE	TETËKËNDËSH
STAR	VEZORE
TRIANGLE	KATROR

Review Time: Draw lines between the English word on the left and the corresponding translation on the right. Refer back to the original puzzle if you need help.

```
E F S Y K O P H Y S P A Ë Q I T
V D C N M O S D D A E H E R O F
I E I E Ë T K H S Y U R W N Y S
E A S E T G S Ë E J P C G T A W
T C F H T U O M G I U U Y A R O
V V A H A I R B K E E R C A E R
E E Q F L O K Ë U T Ë H E A D B
T B E L Ë A O Y K Z E D R S J E
U E A T T E T I V E Ë E N T S Y
L B R I R A E H K S J O T U C E
L N O A M A G Ë H O O M L H H W
A R L E T S T G T N G N I J T W
L S H L E O F E Ë A R N P A I T
E T C A N E G E F A C L S E B E
Ë D S T K K N N T D Ë H A D N L
M E Y E L A S H E S N T O H N L
```

CHEEK	SY
CHIN	FLOKË
EAR	FAQE
EYE	VETULLA
EYEBROWS	QERPIKË
EYELASHES	FYTYRË
FACE	VESH
FOREHEAD	KOKË
HAIR	BALLI
HEAD	GJUHË
LIPS	DHËMBË
MOUTH	BUZË
NOSE	GOJË
TEETH	HUNDË
TONGUE	MJEKËR

Review Jumble: The translations in the word list below have been scrambled. Draw lines between the left and right columns to find the correct translations.

```
M K O I C N S H W Ë A H S S N O
T G N P E C N H A Ç A T A Ë N O
T S I N A T B W E E Ë S S N H S
H H I E D R U A E B B N Ç I D A
E O S R U R Q F L E H E D O A V
F U H I W Ë E C O Ç H C R L M W
A L I I G L B C K I J Ë U B I A
O D E F I I R M L R O P E Ë T E
L E G B S F G G Ë L A S K R H O
A R E R H S L Ç Y K I H E R S S
A N D A T U P H S F T P Ë Y I I
G I E I A E L P P I N A E L G O
N A N E L I T N H N X T O O F V
E N T B M U H T Y G V U T A M O
I T O G E K E E G E S L S R T E
O W S H O U L D E R B L A D E O
```

ARM	SHPATULL
ELBOW	GISHT I MADH
FINGER	SKAPULA
FOOT	KRAHË
HAND	KYÇ
HIP	IJË
LEG	GISHT
NIPPLE	SHPUTA
SHOULDER	THITHKË
SHOULDER BLADE	GISHT
THUMB	BEL
TOE	BËRRYL
WAIST	DORË
WRIST	KËMBË

Review Time: Draw lines between the English word on the left and the corresponding translation on the right. Refer back to the original puzzle if you need help.

```
N L E K M K Z R N P T S K E Ë T
L D B G P U L P A E K Ë M B Ë S
S Ë S E J A I R T C R S T R L O
D H J G K C A B O T D K B T I K
N V P Ë E K S T H H G I H T A Y
S W O I R C T I E R G N T B N Ç
R N H A N U Z F N O G F I P R I
E D H N B Ë K S H A Y R O K E I
W S A K R W N Ë Y T V I C E G K
W A A L E L E F L E J E E E N Ë
T O Ë E A P E A W U N Q L Ç I M
U I J S S U T Q M R A E R O F B
E F Ë K T R H O F L K O F S H Ë
Y D O B A T R T L L L U T E Q S
I J U H F U A O I L A E R A T L
G L P O A R M P I T Q C H R D L
```

ANKLE	KËRTHIZË
ARMPIT	THUA
BACK	TRUP
BODY	GJU
BREAST	PULPA E KËMBËS
BUTTOCKS	QAFË
CALF	PARAKRAH
FINGERNAIL	GJOKS
FOREARM	SQETULL
KNEE	KYÇI I KËMBËS
NAVEL	KOFSHË
NECK	MOLLAQE
SKIN	SHPINË
THIGH	FYT
THROAT	LËKURË

Review Jumble: The translations in the word list below have been scrambled. Draw lines between the left and right columns to find the correct translations.

```
E  N  I  T  S  E  T  N  I  L  L  A  M  S  L  G
E  E  T  N  N  P  Ç  P  F  I  R  U  R  T  A  Z
P  X  I  D  N  E  P  P  A  I  S  X  R  O  R  O
S  E  S  S  Ë  T  K  E  S  H  E  H  E  M  G  R
V  V  E  N  A  T  T  A  K  H  S  E  V  A  E  R
L  E  D  A  A  E  E  Ë  Y  E  N  D  I  K  I  A
Ë  N  N  R  O  R  R  S  L  B  G  S  L  U  N  E
Y  E  A  A  K  I  T  C  T  H  H  H  O  A  T  T
N  T  P  N  T  Q  S  E  N  P  C  Ë  I  T  E  R
F  E  A  Ë  V  U  I  S  R  A  F  D  R  E  S  A
M  P  E  B  M  R  D  E  M  I  P  A  G  V  T  S
R  Ë  T  L  E  I  T  O  R  U  E  U  R  R  I  H
E  O  L  T  P  K  T  X  O  H  S  S  K  M  N  Ë
E  R  R  Ç  A  S  G  N  U  L  A  K  A  A  E  E
T  A  W  N  I  A  R  B  B  S  B  E  U  N  J  Z
I  Z  O  R  R  A  E  H  O  L  L  Ë  O  J  S  G
```

APPENDIX	ZORRA E TRASHË
ARTERIES	STOMAKU
BLOOD	ZEMRA
BRAIN	MUSHKËRITË
HEART	VENAT
KIDNEY	TRURI
LARGE INTESTINE	MËLÇIA
LIVER	MUSKUJ
LUNGS	VESHKAT
MUSCLES	GJAKU
PANCREAS	APANDESITI
SMALL INTESTINE	ZORRA E HOLLË
SPLEEN	SHPRETKA
STOMACH	ARTERIET
VEINS	PANKREASI

Review Time: Draw lines between the English word on the left and the corresponding translation on the right. Refer back to the original puzzle if you need help.

```
T I E G O T U G U J I I L O P U A
R O T A U K E L O P H T R O N E F
A T A O Ë E N L G T N N L S C R R
K D N O R T H A M E R I C A L O I
I N E E R P Z L N G I T M R S I C
R A A I N I A I O V J E L Ë I R A
F E C N A I T C E N R E Q E O E R
A C I H T N T R I I G A R T P V A
P O R I O A I N K F P I A Ë S A D
O C E K F U R A O I I U T G S K I
R I M D T T E C N C Q C J U Ë I T
U T A Y U J T A T E H A O C D R K
E N H D U T E I E I T I Y C A E R
B A T G T Q I J A Ë C S S W E M A
I L U N O H A T S N I A H E S A T
U T O Q E A N I A T L A N T I K N
D A S O U T H P O L E P O R U E A
```

AFRICA	EUROPA
ANTARCTICA	OQEANI PAQËSOR
ASIA	GJATËSI
ATLANTIC OCEAN	AFRIKA
CONTINENT	EKUATOR
EQUATOR	AZIA
EUROPE	AMERIKA VERIORE
LATITUDE	ANTARKTIDA
LONGITUDE	KONTINENT
NORTH AMERICA	POLI I VERIUT
NORTH POLE	POLI I JUGUT
PACIFIC OCEAN	OQEANI ATLANTIK
SOUTH AMERICA	GJERËSI
SOUTH POLE	AMERIKA E JUGUT

Review Jumble: The translations in the word list below have been scrambled. Draw lines between the left and right columns to find the correct translations.

```
Ë  R  I  T  Ë  T  E  R  K  H  S  T  T  B  T  S
I  I  E  T  C  I  O  B  E  A  C  H  D  R  Ë  V
F  X  O  I  U  S  H  E  Y  T  N  E  N  E  C  Y
F  O  N  A  C  L  O  V  L  S  A  A  E  E  T  O
G  F  R  H  Z  A  L  P  V  A  E  R  R  I  O  Ë
U  E  A  E  E  N  L  H  G  O  Q  K  C  L  A  R
M  E  A  S  S  D  Y  G  O  C  O  N  A  R  Ë  V
Ë  R  H  A  C  T  P  L  T  Ë  T  M  I  L  N  R
K  L  A  O  T  E  G  B  M  O  R  V  C  F  O  T
O  A  L  S  E  K  B  U  O  V  E  E  Y  O  A  O
R  R  T  U  R  H  L  W  U  R  S  J  O  A  D  M
A  O  E  A  H  N  H  L  N  U  E  N  N  O  N  D
L  C  T  U  S  S  L  H  T  E  D  G  E  R  B  D
O  E  Y  H  V  K  I  N  A  E  C  O  R  Q  A  V
R  N  Q  F  A  D  E  N  I  P  O  T  I  J  I  R
E  S  U  N  S  Ë  J  A  N  L  L  U  K  A  V  L
```

BEACH	KRATER
CITY	OQEAN
COAST	VULLKAN
CORAL REEF	PYLL
CRATER	MAL
DESERT	SHKRETËTIRË
FOREST	LUMË
GLACIER	BREGDET
ISLAND	LIQEN
LAKE	PLAZH
MOUNTAIN	GUMË KORALORE
OCEAN	QYTET
RIVER	AKULLNAJË
SEA	ISHULL
VOLCANO	DET

Review Time: Draw lines between the English word on the left and the corresponding translation on the right. Refer back to the original puzzle if you need help.

```
D Ë E N A C I R R U H A T G H Ë
C L D F M L N O L M N A H E E H
O I U N F H O E E E N D R T G A
L L U G E J M R A W U S P H P Y
D A V C L L E I D E M T H E B D
E G I L Y D P B H G O U V I A N
A Ë T O N I A R O R R H N A R I
I S O U N H U H E R A I N B O W
Ë H H D U A H B U S Ë R E E M G
L T I Y S E L F Ë M I T Ë T E V
M F H N E Y E Ë E T I O L A T E
Ë I O O E F E W T D H D N T R G
F W E G T C M X P H Ë O O E I L
S F E E D F B E K G E T R I C A
I T C E D H H A P P L X H G T L
E K S O D A S L I G H T N I N G
```

BAROMETRIC pressure	I LAGËSHT
CLOUDY	STUHI
COLD	PRESION barometrik
FOG	YLBER
HOT	SHI
HUMID	VETËTIMË
HURRICANE	ME ERË
LIGHTNING	FTOHTË
RAIN	NGROHTË
RAINBOW	BORË
SNOW	ME RE
SUNNY	ME DIELL
THUNDER	MJEGULL
WARM	RRUFE
WINDY	NXEHTË

Review Jumble: The translations in the word list below have been scrambled. Draw lines between the left and right columns to find the correct translations.

```
R T H H M E S T R U C T S B S D
I I A H I P P O P O T A M U S A
Ç O Y I H E W A R T H O G I O S
Ç C Ç P C T N O R E C O N I R T
I H G O I A E Ë O E C I E Ë A E
T I N P R S Ë L J Ç L O G A N G
A M A O T N A H P E L E N E E Ë
H P R T S L G S D Ë I T F I Y S
A A P A O I G O U R E F Ç A H I
T N T M L O K A R L A A I I N R
N Z T E R N T E O R S P M L A T
O E E I E X D P I G I P O A U Ç
O E L B L H E G W T A L H E L A
B L Ç M R O C V O Z Ç Ç L H L T
A E D D R A P O E L Z E B Ë R I
B A B U N U O Ë F A R I J G Ë Y
```

ANTELOPE	BABUN
BABOON	DERR I EGËR
CHEETAH	HIPOPOTAM
CHIMPANZEE	LUAN
ELEPHANT	RINOCERONT
GIRAFFE	GORRILLË
GORILLA	SHIMPAZE
HIPPOPOTAMUS	HIENË
HYENA	ÇITAH
LEOPARD	GJIRAFË
LION	STRUC
OSTRICH	ANTILOPË
RHINOCEROS	ELEFANT
WARTHOG	LEOPARD
ZEBRA	ZEBËR

Review Time: Draw lines between the English word on the left and the corresponding translation on the right. Refer back to the original puzzle if you need help.

```
M O E E B H Ë P O L A R B E A R
Y U L T E F T P R D S Ë X D E S
E T K F G H D G L E K G H G T O
Ë L J M H V F O R S L I I E Ë A
M Ë U A O S R D S V D T T M I L
T A O M U S H K Ë E H O R E H A
G H C O R E R D P R H E M Ë N K
C A M E L J U T O I T E O L D U
M O P P A T F X L G S G O L Ë R
I O Ë G A A N R H B A T S P S I
T R U I H O U U L A R M E H E Q
O A A S V P S N I U G N I P A N
R G A B E I U I G T G U F L O A
I N A L B A B N A U X L A T J T
R A E I L I A R I P O L A R Q E
Z K S Q O K T N A W F C L H W M
```

BAT	TIGËR
CAMEL	GAMILJE
CAT	PINGUIN
DOG	DRER
FOX	MACE
JAGUAR	DHELPËR
KANGAROO	LEPUR
MOOSE	XHAGUAR
MOUSE	LAKURIQ NATE
MULE	UJK
PENGUIN	KANGUR
POLAR BEAR	QEN
RABBIT	ARI POLAR
TIGER	MUSHKË
WOLF	MI

Review Jumble: The translations in the word list below have been scrambled. Draw lines between the left and right columns to find the correct translations.

```
K O O O R A N G U N T A N G R Ë
E A A H A Ë L A U H K E T Ë R F
R N S H C O P K H I E S T L Y U
U P A T C G A R M U R E V A E B
R E U L O R D K A U K I W M L R
A A D R O R A P N J S Z Q Ë I C
S A F T N T M H Ë U G S S F D U
B Ë T M U S O P O U M N O Ë O O
L E B R E T K O S Ë A P M P C H
A R R L H S K R O K O D I L O Ë
C H I D E I R C E L U W O H R N
K T G I T Q I U K O L N L H C W
B N A F M Ë S P Y R F A K N M S
E I F S A E T I R A B T M E S E
A R I I Z I N N A T U G N A R O
R V J H S G L E R R I U Q S Ë Q
```

BEAVER	QELBËS
BLACK BEAR	KASTOR
CHIPMUNK	GJARPËR
CROCODILE	KETËR
FROG	KROKODIL
LLAMA	ORANGUNTANG
OPOSSUM	RAKUN
ORANGUTAN	IRIQ
OWL	BRETKOSË
PORCUPINE	LAMË
RACCOON	ARI I ZI
RAT	OPOSUM
SKUNK	KETËR
SNAKE	MI
SQUIRREL	BUF

Review Time: Draw lines between the English word on the left and the corresponding translation on the right. Refer back to the original puzzle if you need help.

```
N T S S E E A S S N C N D I T I
T E H S I F Y L L E J E S L F T
S S S O A L O L Y L L D E T I E
T E I G D W Z K H S E P A O O D
W N F Y T E T Ë Ë L G M L K I L
K A L L A M A R T A H N I T U I
A E S Ë L S D R F E I L O A O D
R C U N A O U O B F L N N P R N
A N R H E T R P L R R D E O U A
V B L O S R F E O P E S S D E K
I Ë A O E I D U B T H S Q W T O
D N W R B E F H I K C I H U T N
H E W Y C S K R A H S O N K I N
E L A H W A T Q A E F B N D Ë D
S A Ë T L L E E I T E D Ë P O L
O B A L E N Ë V R A S T A R E N
```

TURTLE	BALENË VRASTARE
CRAB	KANDIL DETI
DOLPHIN	BRESHKË
FISH	KALLAMAR
JELLYFISH	BALENË
LOBSTER	OKTAPOD
OCTOPUS	KARAVIDHE
ORCA	PESHK
SEA LION	LOPË DETI
SEAL	PESHKAQEN
SHARK	DELFIN
SQUID	GAFORRE
STARFISH	LUAN DETI
WALRUS	FOKË
WHALE	YLL DETI

Review Jumble: The translations in the word list below have been scrambled. Draw lines between the left and right columns to find the correct translations.

```
B F G A W T F F O S T N E Q I H
Y M R I A B A N E D M A E A A M
L P R I N D Ë R O N C D A L L D
O C I G J Y S H E S V A L E U O
O T B S M R S R N T R Ë A T A C
B U A Y C Y N E I N H N L R G H
O Q O S J W E H P E N G O L R I
E S I G E B S M B R Y M U E A L
N I X R A F B H M A R L H A N D
S S H B Ë E E W E P U T I B D R
R T A E S T C E J L A N I M F E
Y E X Ë E H O E L F C J T A A N
V R H I T F Ë M I J Ë N E M T F
O D A T L C A S M N A R U A H Ë
R E H T O M D N A R G D I F E E
I Ë C T M M A R F R E H T O R B
```

AUNT	VËLLA
BROTHER	NIP
CHILDREN	MBESË
DAUGHTER	MAMA
FAMILY	BABA
FATHER	FËMIJË
GRANDFATHER	GJYSHE
GRANDMOTHER	XHAXHA
MOTHER	BIR
NEPHEW	BIJË
NIECE	GJYSH
PARENTS	FAMILJE
SISTER	PRINDËR
SON	MOTËR
UNCLE	HALLË

Review Time: Draw lines between the English word on the left and the corresponding translation on the right. Refer back to the original puzzle if you need help.

```
W S W W O E E G R A N D S O N A
D A U L I F E K U N A T Ë M R Y
A B L G C F B R D H Ë N D Ë R B
U B A N V J E H Ë R I N Z C V A
G R S X I I B D M N F J K O F B
H O I R H R V B S A A U B U A L
T T S C V A E J T V N A D S R H
E H T A Ë S N H E A S U H I E H
R E E A Ë Ë E A T H Y K G N U P
I R R E E R O Ë K O Ë O I S K C
N I I S I G O Ë Ë S M R B E U A
L N N N U Y S A H T S A A H S H
A L L S Z H S O N I N L A W H H
W A A S O E R L E D D J A L Ë I
W W W R E T H G U A D D N A R G
W A T A E C I H E S T Ë R N I P
```

BROTHER-IN-LAW	VJEHËRA
BABY	BAXHANAK
BOY	DHËNDËR
COUSIN	BASHKËSHORTE
DAUGHTER-IN-LAW	VJEHËRI
FATHER-IN-LAW	KUSHËRI
GIRL	STËRMBESË
GRANDDAUGHTER	KUNATË
GRANDSON	VAJZË
HUSBAND	KUNATË
MOTHER-IN-LAW	BASHKËSHORT
SISTER-IN-LAW	BEBE
SON-IN-LAW	STËRNIP
WIFE	DJALË

Review Jumble: The translations in the word list below have been scrambled. Draw lines between the left and right columns to find the correct translations.

```
O Ë D T T H S O X E L Ë T Q L H
K S A O T Ë E T G U L O T E T D
H H E F H C F N L W S I O Ë E D
O A R O N E A L T L A I P N B R
T H O L T H O E E W G Y A E A L
T D T L C Ë O E O S E I Y E H H
T R O O O H P T Ë S H O H Ë S H
H Ë T W T R T R Ë R J O E O Ë S
S T H Ë I N I S E J T Ë D E K A
O E I A P O H N Ë S E N E Ë E U
D F N H S A B M Ë T Ë S P G J T
N S K E H H G A R K O S H N D A
E C A E O G T U Ë T Y C H I N G
M Y R R A C O T A X N H O S Ë Ë
Ë H T Ë D Ë G J O S H E B O T T
T Ë N D R Y S H O S H L E T K I
```

TO ASK	TË KËNDOSH
TO BE	TË FLESH
TO CARRY	TË SHOHËSH
TO CHANGE	TË MBASH
TO COOK	TË PRESËSH
TO EAT	TË LEXOSH
TO FOLLOW	TË GATUASH
TO HEAR	TË PAGUASH
TO PAY	TË NDRYSHOSH
TO READ	TË NDJEKËSH
TO SEE	TË MENDOSH
TO SING	TË JESH
TO SLEEP	TË PYESËSH
TO THINK	TË HASH
TO WAIT	TË DËGJOSH

Review Time: Draw lines between the English word on the left and the corresponding translation on the right. Refer back to the original puzzle if you need help.

```
L E Ë E H S E K Ë T T R F Y T X
R T O B N S R O F K O O L O T D
N O Ë M H S Ë S A L F Ë T Ë J I
K D E K M S I B D T H C D A A T
E R S N Ë S O N Ë S O A T H K D
V I O T E R I M I T S L S F N E
H N L W Ë F K V H H N Ë O A H H
N K C E O U Ë O U I L W T V S S
O D O T V T D R S L D S I Ë E I
R I T Ë L A O H Y H R N R E J P
Q E L P T S R B Ë E P R Ë T G Ë
P V L U H N M T D T A Ë O T Ë T
U A E N M Ë A N O M O C R L T E
T H S O T P U K Ë T O S P E A K
T O O S F O O T E M T O H E L P
Q T T H T Ë S H E S Ë S H O B I
```

TO CLOSE	TË SHESËSH
TO COME	TË NDIHMOSH
TO DO	TË MBYLLËSH
TO DRINK	TË BËSH
TO FIND	TË PUNOSH
TO HAVE	TË KËRKOSH PËR
TO HELP	TË UDHËTOSH
TO LOOK FOR	TË DASHUROSH
TO LOVE	TË GJESH
TO SELL	TË VISH
TO SPEAK	TË FLASËSH
TO TAKE	TË KUPTOSH
TO TRAVEL	TË KESH
TO UNDERSTAND	TË PISH
TO WORK	TË MARRËSH

Review Jumble: The translations in the word list below have been scrambled. Draw lines between the left and right columns to find the correct translations.

```
H S I D Ë T N A W O T L T N A J
L I H H Z Q E N U R O T L E E R
E H S O S Ë M Ë T H W T T P T U
Ë T O P L A Y Ë X T A Ë S O T R
T Ë T M I T H R T N L O L O K E
Ë I V E C A O T R U K E T T V C
T K T T P B H W A E A W H I T I
F Ë T Ë R C V S R V E O G H O A
A S S Ë B H H N E I S O U S B D
I H P H J L T S R C T T W O E Y
H L E O K A E E Ë A R E O K A P
S I Z G O R P S N C E Ë N H B A
E D Ë O N B U Ë H L E L K S L C
J I U T Ë D U A S H S Ë O Ë E U
Ë T Ë V R A P O S H T E T T T W
T O D A N C E N W H X Y U B O T
```

TO BE ABLE TO	TË SHKRUASH
TO BUY	TË DUASH
TO DANCE	TË LUASH
TO GIVE	TË BLESH
TO GO	TË DISH
TO KNOW	TË VRAPOSH
TO LEARN	TË IKËSH
TO LEAVE	TË SHKOSH
TO OPEN	TË JAPËSH
TO OWE	TË HAPËSH
TO PLAY	PËR BORXH
TO RUN	TË KËRCESH
TO WALK	TË JESH I AFTË TË
TO WANT	TË ECËSH
TO WRITE	TË MËSOSH

Review Time: Draw lines between the English word on the left and the corresponding translation on the right. Refer back to the original puzzle if you need help.

```
D F S G T Ë E A T S I K M E R Q
O C H F F N B N F T L V O M Ë U
D L E K J E B U K Ë F Y E H T M
Ë N Q L M P A S T A H A T L A Ë
L L E I M F R U I T T G H K L S
S V R M I S H V A G E U A C L H
V E S U T V D J K I C R R I O T
P G T R O T D Ë I E O H A F K E
Ç E G G S L P S V N R V G I O O
W T H S T L F E A X I T E T Ç T
S A L L A T Ë Y C L Z S C Z F A
U B T J Ç L A E R I E A O T Ë W
G L G E W L A D A E R B S O J E
A E E O R S I D H P E R A W U Ç
R S D H C H O C O L A T E S F T
R G I Ë A T R E E S I E H S E U
```

BREAD	FRUTA
BUTTER	MIELL
CHEESE	BUKË
CHOCOLATE	QUMËSHT
EGGS	GJALPË
FLOUR	ÇOKOLLATË
FRUIT	SALLATË
MEAT	UJË
MILK	MISH
PASTA	MAKARONA
RICE	DJATH
SALAD	PERIME
SUGAR	VEZË
VEGETABLES	SHEQER
WATER	ORIZ

Review Jumble: The translations in the word list below have been scrambled. Draw lines between the left and right columns to find the correct translations.

```
I  U  E  M  E  L  Ë  T  C  P  U  Ë  E  D  T  T
C  A  K  E  A  H  U  D  G  E  S  R  I  I  I  F
E  E  S  O  O  V  H  E  D  E  Ë  T  L  A  J  M
C  O  O  K  I  E  S  T  C  L  H  S  R  L  A  I
R  E  P  P  E  P  O  A  U  E  E  I  D  I  V  S
E  X  F  N  A  M  I  P  N  Z  N  T  A  G  P  H
A  O  H  B  G  L  A  Ë  Y  E  A  O  M  R  D  Q
M  I  A  M  E  T  S  O  R  E  R  G  W  B  H  E
S  R  T  A  W  A  G  D  I  E  N  V  R  N  H  N
E  R  O  L  L  U  K  A  E  L  V  O  H  E  A  G
A  E  K  T  R  A  Ë  B  Ë  P  P  F  H  Ë  W  J
S  D  S  T  O  C  E  R  I  O  T  U  A  P  Ë  I
C  H  I  C  K  E  N  P  R  I  S  I  O  U  U  E
D  S  B  I  F  T  E  K  R  I  P  Ë  S  S  A  Q
W  I  N  E  W  R  L  O  E  O  B  N  O  O  A  L
H  M  A  E  Z  T  C  S  L  K  R  G  Z  T  H  E
```

BEEF	MISH QENGJI
BEER	PIPER
CAKE	KRIPË
CHICKEN	BIFTEK
COOKIES	VERË
HONEY	BISKOTA
ICE CREAM	SUPË
LAMB	KEK
OIL	MISH DERRI
PEPPER	BIRRË
PORK	MJALTË
SALT	PULË
SOUP	VAJ
WINE	AKULLORE
YOGURT	KOS

Review Time: Draw lines between the English word on the left and the corresponding translation on the right. Refer back to the original puzzle if you need help.

```
E H F U D E N C T E R F R A E P
Z C O A F A E D M U L P R S N J
S A E G G P L A N T O J D Ë A E
E E K U M B U L L R E E T H H S
T P I S A N A N A T A P H D X H
N I S R T V O N A K W Ë Y R L K
R V U E R M G N A A O R G A L Ë
P C T R I E A I T P T T A D Ë H
I N R L F R B E L H R I R B T H
N A G R G E R W S E B I N O A O
E T S E U M P E A I T O C R P W
A S M E E S L A B R M E L O N A
P O H L P U H Z R E T L H N T A
P B O A L A A E L G U S N I A T
L N I H S U R R G N Ë L S C G O
E K A J S I V G O Ë D O B A D N
```

APRICOT	LËNG RRUSHI
BLUEBERRIES	BORONICA
EGGPLANT	LIMON
GRAPEFRUIT	PORTOKALL
GRAPES	SHEGË
LEMON	PJESHKË
MELON	DARDHË
ORANGE	PJEPËR
PEACH	RRUSH
PEAR	KAJSI
PINEAPPLE	PATËLLXHAN
PLUM	LULESHTRYDHE
POMEGRANATE	KUMBULL
STRAWBERRIES	ANANAS
WATERMELON	BOSTAN

Review Jumble: The translations in the word list below have been scrambled. Draw lines between the left and right columns to find the correct translations.

```
A F H A T O M A T O F E B K I Y
G R E E N P E P P E R I U T N E
I F O E Z M H S E K U N G U L L
F P M W C S O U T S G L T E Z L
A I O A A E M L E U Q I Ë O U O
L R K U N G U L L E S H Ë N C W
E A Q B T A R L R Ë D S E S C P
M S U R A A F S U R H E T B H E
Z P K E L N H E E F L J A R I P
D B I D O I A V R P I N M E N P
M E C P U H I N P R A O O F I E
S R E E P C Y A A N A M D H K R
E R P P E F C H E R R I E S P S
D I S P E C J E S H I L D M M I
L E S E I R R E B K C A L B U E
N S F R Ë D E J M R Ë P E J P W
```

APPLE	MJEDËR
BANANA	PJEPËR
BLACKBERRIES	QERSHI
CANTALOUPE	SPEC I VERDHË
CHERRIES	KUNGULL
FIG	KUNGULL
GREEN PEPPER	MOLLË
LIME	KUNGULLESHË
PUMPKIN	SPEC JESHIL
RASPBERRIES	FIK
RED PEPPER	BANANE
SQUASH	SPEC I KUQ
TOMATO	MANAFERRA
YELLOW PEPPER	DOMATE
ZUCCHINI	LIMON JESHIL

Review Time: Draw lines between the English word on the left and the corresponding translation on the right. Refer back to the original puzzle if you need help.

```
S P I N A Q G L F R O E S E R A
L O S S N K P N G R A P H S V K
R T I I T A A L H O C H P I O E
E A R T T Ç E R A N L E X T D Ë
W T F A N R E E R I E I L N P S
O O T H H D Ë A Y O T S T E A B
L E D U C C T K Ë N T H Q E R P
F S L D C I L R A G U A P O T Y
I U A H B T N E N L C N K M I I
L G K Ë O R C U L E E O L A C E
U A Ë R V K O N Ç E L L Y R H Ç
A R R T G T R C R I Z B U U O T
C A B B A G E G C E Ë I E L K L
C P D I A R T I Ç O K Ë B E E A
A S P I N A C H S E L I N O T N
O A L A K Ë R J E S H I L E A S
```

ARTICHOKE	BIZELE
ASPARAGUS	LAKËR JESHILE
BEETS	PATATE
BROCCOLI	SHPARG
CABBAGE	HUDHËR
CARROT	MARULE
CAULIFLOWER	QEPË
CELERY	LULELAKËR
GARLIC	KARROTA
GREEN PEAS	ARTIÇOKË
KALE	PANXHAR
LETTUCE	LAKËR
ONION	BROKOLI
POTATOES	SPINAQ
SPINACH	SELINO

Review Jumble: The translations in the word list below have been scrambled. Draw lines between the left and right columns to find the correct translations.

```
Ç D S E J E J N E D N Ë M O H D
L I V I N G R O O M L S N B E H
Ë N I H Z U K W R O H O Ë A D O
T I B Ç E J O K I T C H E N H M
L N T A I S L Q Ë N N H Ç D O Ë
S G O T N Z U P H E D O F H M G
H R E I U J I O D M L O Q G A J
T O H C M O O R H T A B W P E U
I O I Z T T I O N R W E A G N M
F M N Ë A T R E W A N R A A G I
I O T V A R M S E P T R I R R N
E O E R O E A A A A A E T D Ë E
I R E B S A B G M G T F C H N T
K D O A Y A W E V I R D N N I O
T E B O O Ë N I D N Ë L B N E H
T B W G F T N E M A Z A B E S F
```

APARTMENT	DHOMA E NGRËNIES
BASEMENT	DHOMË NDENJEJE
BATHROOM	KREVAT
BED	BANJO
BEDROOM	APARTAMENT
DINING ROOM	SHTËPI
DRIVEWAY	BAZAMENT
FENCE	OBORR
GARAGE	GARAZH
HOUSE	ÇATI
KITCHEN	DRITARE
LAWN	KUZHINË
LIVING ROOM	DHOMË GJUMI
ROOF	LËNDINË
WINDOW	GARDH

Review Time: Draw lines between the English word on the left and the corresponding translation on the right. Refer back to the original puzzle if you need help.

```
W Q B L F E U L B T T A M G N D
E I C N T S Ë T G Ë E U O T R R
E L T U B H T F L H U P A E Ë Y
N I F U R T H Ë Ë C O I S L C E
I M F I Ç T T H A R Ë S E I E R
H E Ç I R T A V A L E H E O T T
C H A N D E L I E R I I Ë T H I
A Ç Y M R C P L N Ë S N R N P B
M O G B L U L L B T I Ë L E V C
G S R A D A B M A L L Ë R Ë A S
N D R T O F A I O C K D S R S H
I H S H T L R V N L E A P L K K
H E A T L S A B W E A E H A Ë A
S U I U O T E L B A T M S X S L
A N S B S W I M M I N G P O O L
W E I T N E R O K Ë S E H S F Ë
```

BATHTUB	LLAMBË
CARPET	TAVOLINË
CHANDELIER	PERDE
CURTAIN	THARËSE
DRESSER	QILIM
DRYER	SHKALLË
FAUCET	RUBINET
FIREPLACE	TUALET
LAMP	PISHINË
SWIMMING POOL	BUFE
STAIRS	LAVATRIÇE
TABLE	VASKË
TOILET	FSHESË KORENTI
VACUUM	LLAMBADAR
WASHING MACHINE	OXHAK

Review Jumble: The translations in the word list below have been scrambled. Draw lines between the left and right columns to find the correct translations.

```
R O T A R E G I R F E R E S I E
H L N U E O T F N H S E S R N K
E A Ë U H C R I B Y E F Y N A D
S V L L S S R R T E U I N H J Ë
Ë A K L A H U O I N K R X E N W
R M S E W V W D D M S O P H T S
A A Ë S H A O P Ë I E G A T S R
L N W G S S Y R K H R I L R E I
A E O N I E Y A K C F R L W Q A
T R L B D Q R D S I T F O A N H
A E L P S R K T A S M H D K A C
J H I A I Ë E H T E S O L C A E
P F P G T N E S T A V O L I N Ë
T D E S K I I L H E M U V E T L
T N A F G N I L I E C S Y E N Ë
O J R O K E D S T I S E T L N T
```

CHAIR	MIKROVALË
CEILING FAN	LAVAMAN
CHIMNEY	FRESKUESE
CLOSET	FRIGORIFER
CRIB	JASTËK
DESK	TAVOLINË
DISHWASHER	DYSHEK
HALLWAY	KARRIGE
MATTRESS	DOLLAP
MIRROR	PJATALARËSE
OVEN	DUSH
PILLOW	OXHAK
REFRIGERATOR	KORRIDOR
SHOWER	DJEP
SINK	PASQYRË

Review Time: Draw lines between the English word on the left and the corresponding translation on the right. Refer back to the original puzzle if you need help.

```
H  T  E  A  S  P  O  O  N  S  R  B  Ë  C  A  L
T  A  S  S  T  N  H  O  N  N  O  G  A  I  Ç  E
O  B  Ë  R  B  N  Ë  N  N  W  U  B  U  M  Ë  R
L  L  U  G  Ë  G  J  E  L  L  E  A  A  M  D  S
C  E  Ç  E  U  K  E  N  L  R  I  X  T  P  S  E
E  S  S  D  Y  A  D  U  E  R  Y  L  J  A  T  Ë
L  P  P  A  P  N  G  P  S  K  E  A  L  N  N  K
B  O  O  S  E  Ë  P  O  P  F  T  G  E  L  R  I
A  O  O  S  Ç  E  E  N  I  Ë  A  O  O  I  L  H
T  N  N  A  P  K  I  N  P  R  L  T  P  T  Y  T
Ë  T  J  L  D  Y  K  F  E  I  P  Ë  L  E  Ë  W
N  I  E  G  E  Ç  L  K  R  O  F  V  E  A  Y  I
J  U  R  E  H  C  T  I  P  E  C  E  T  Ë  S  Q
Ë  F  R  N  A  H  X  L  I  F  G  R  H  B  T  Ë
A  E  N  I  L  O  V  A  T  Ë  S  E  L  U  B  M
E  W  U  W  P  I  F  E  C  R  I  A  N  M  E  E
```

BOWL	TAS
FORK	PECETË
GLASS	GOTË
KNIFE	FILXHAN
MUG	LUGË ÇAJI
NAPKIN	PIPER
PEPPER	KRIPË
PITCHER	PIRUN
PLATE	KANË
SALT	LUGË GJELLE
SPOON	MBULESË TAVOLINE
TABLECLOTH	GOTË VERE
TABLESPOON	THIKË
TEASPOON	LUGË
WINE GLASS	PJATË

Review Jumble: The translations in the word list below have been scrambled. Draw lines between the left and right columns to find the correct translations.

```
Y Ç Ç D T A R Ë G R A Y Y T A D
H H C H I T S K D Ç D N A N N B
K I O Ë H L O D E H N A T B S T
A N D V V Ë W L G M S I U M O S
Ç R L I H N Ë Ë S P A L N P R A
A I D A Ç S R C C E O U N E E E
V Ë K A M H R D H N A S I Ë V G
I R R E D D A L R C I L A A I N
D Ë H E Ç O H M Ë I P P A W R T
Ë T A L L Ç S Ë M L L L I R D A
L E V E L T U R I E L Ë Y E W T
S M V D R O L H E X R A U N E I
W I C N T T R O M H H A K C R M
N S G O Z H D Ë B H S N E H C A
A E E R U S A E M E P A T P S I
Ç R A T S S X E S C R E W I H O
```

BOLT	LAPS
DRILL	SHKALLË
HAMMER	PINCË
LADDER	KAÇAVIDË
LEVEL	NIVEL
NAIL	ÇEKIÇ
NUT	BULON
PENCIL	TURIELË
PLIERS	RONDELE
SAW	DADO
SCREW	VIDË
SCREWDRIVER	SHARRË
TAPE MEASURE	GOZHDË
WASHER	METËR
WRENCH	ÇELËS

Review Time: Draw lines between the English word on the left and the corresponding translation on the right. Refer back to the original puzzle if you need help.

```
Ë A H N D E S S Ë B Q A N O O M
Ç E O G R R I P U S S T R O N T
N J P N E O H W M N H I T P L Ë
S O C K S C A R F A O N A E Ç S
A J W L S W E A T E R N B H O H
B N S X H A K E T Ë T A V A R K
T A O E D Y M N G S S E S I A U
T B T L O S N A T S U F E S P R
E Ë F H L H M H J C K I V E E T
R B D O R A S H K A T E O T Ë Ë
O O E A H O T Ë N K P F L L L R
S R Ç Z A K B N C L Ë N G E S A
L R I G E I G E A O L P P O J F
R P B D O R N O E P A A U L S S
E Ë V E S T O G L I K T H C O O
Y I T E Ç O Ç G S E H M H S Ë N
```

BATHROBE	RRIP
BELT	PIZHAMA
COAT	TRIKO
DRESS	RROBË BANJOJE
GLOVES	KAPELË
HAT	JELEK
NECKTIE	ÇORAPE
PAJAMAS	XHAKETË
PANTS	KËPUCË
SCARF	PANTALLONA
SHOES	FUSTAN
SHORTS	DORASHKA
SOCKS	KRAVATË
SWEATER	SHALL
VEST	pantallona TË SHKURTËRA

Review Jumble: The translations in the word list below have been scrambled. Draw lines between the left and right columns to find the correct translations.

```
N R S I A B I G Ë P F N U H S U
N O E Ç O S N S A N D A L E H Ë
A I I O I I K N H S E S N I H X
C K T P H Z T I U S M I W S K T
V S W T A A M I R V F S I Y J V
N A O I L P T E R T A M L T E S
H L B L A I D A O X Ë Y E S A P
C I O T X N E T B K Z L H L N D
T N K Ç E A B R A Y E J Q A S Ë
A E O P R N K N B C E Ë S D P A
W O S R O E E C A L K C E N S Z
T U T A D I D R N D C Ç T A T N
S R U E Ë T B V J T R I H S T Q
I E M I R U N D E R W E A R O T
R X L Ë O S E P N L A D J C T N
W Ë T Ë B R E N D S H M E G M E
```

WRIST WATCH	SUTIENA
BOOTS	RROBA BANJE
BOW TIE	PAPION
BRA	ORË DORE
BRACELET	VESHJE
CLOTHING	KOSTUM
JEANS	SANDALE
NECKLACE	ÇIZME
SANDALS	PANTALLONA
SHIRT	TË BRENDSHME
SKIRT	KËMISHË
SUIT	BYZYLYK
SUSPENDERS	GJERDAN
SWIM SUIT	XHINSE
UNDERWEAR	ASKI

Review Time: Draw lines between the English word on the left and the corresponding translation on the right. Refer back to the original puzzle if you need help.

```
D P H S Ë K O L F E S Ë R A H T U
I E S O S M U F R A P D H S H M A
A R A O H S Ë B M Ë H D Ë T S A P
T F W P A Ë I O U D H B E S U K C
I U H M M A T C E Z M E O N R E O
D M T A P N V O E Ë Ë L R A B U N
V E U H O Ë D N H U F K Z K H P T
K A O S Z O P D B L A O U A T T A
R Ë M D R A Ë I A A R S I Q O K C
H A C A O Ç J T R B L R T O O C T
N E N S R R N I M A D S T V T I L
M T D U G E A O K R T H A O N T E
L I F S D W C N Y A P N H M H S N
J B R I S K F E T A M D E T E P S
Y U Ç J S S R R S A P U N D L I E
W I A I T K A T N O K E T N E L S
L L A R Ë S E G O J E H S G H P R
```

COMB	BUZËKUQ
CONDITIONER	LARËSE GOJE
CONTACT LENSES	THARËSE FLOKËSH
DENTAL FLOSS	DEODORANT
DEODORANT	BALSAM
HAIR DRYER	LENTE KONTAKTI
LIPSTICK	PE DENTAR
MAKEUP	SAPUN
MOUTHWASH	KREHËR
PERFUME	MAKIJAZH
RAZOR	FURÇË DHËMBËSH
SHAMPOO	SHAMPO
SOAP	BRISK
TOOTHBRUSH	PARFUM
TOOTHPASTE	PASTË DHËMBËSH

Review Jumble: The translations in the word list below have been scrambled. Draw lines between the left and right columns to find the correct translations.

```
S F L A T I P S H K O L L Ë L R
Y E S L I N E R T N O I C A T S
E R C M U Z E N A F G C T O L S
N M H I S S J T D H O I I H G O
O Ë O Z F O E A T Y P W T T D A
I R O F Y F B H R S Q T A E R N
T U L E T R O P O R E A P K H O
A D U L I U A H T M I A N R F I
T H V D S H U E S R R T J A S T
S N G E Z N F L P T H A D M T A
N E U O Ë Y A O M O A O F R A T
I B B G B A R E C U S D L E D S
A A Ë Ë H T N Ë F K S T I P I E
R D P O S T O F F I C E Ë U U R
T R Ë T E K R A M R E P U S M I
Ë T T O A W R G I A K F Ë M E F
```

AIRPORT	ZYRA E POSTËS
BAR	STACION TRENI
BRIDGE	DYQAN
DEPARTMENT store	AEROPORT
FARM	MUZE
FIRE STATION	URË
HOSPITAL	FERMË
LIGHTHOUSE	FAR
MUSEUM	SHKOLLË
OFFICE	stacioni I ZJARRIT
POST OFFICE	SPITAL
SCHOOL	BAR
STADIUM	ZYRË
SUPERMARKET	STADIUM
TRAIN STATION	SUPERMARKET

Review Time: Draw lines between the English word on the left and the corresponding translation on the right. Refer back to the original puzzle if you need help.

```
R C R G E F Y R A R B I L M P N
O E Ë L L E J T H S Ë K N A R F
B M I N B I O L I Z N O R Ë M A
R E B C I D I P E S I K T A S R
A T A A I B Y R E T R A N P P M
H E N N R L R Q A R E E O L U A
Y R K A O A O T A T A H V N Z C
C Y R I V R S P N N S H I I B I
A I H O T E L A N E K V O A N E
M L I R C S R E E O E A N U W U
R E A I E U I F R R I K F H S R
A T L L A T F R S O Ë C N E A E
H O R T L O A I E L T S A C J N
P H S O C R T E F P I S Q T F E
D E V Ë P E A E H O O Ë Y E S O
R R E S T O R A N T V Ë D R F U
```

BANK	VARREZË
CASTLE	HOTEL
CEMETERY	PARK
COFFEE SHOP	LIBRARI
HARBOR	PORT
HOTEL	KËSHTJELLË
LIBRARY	DYQAN
OPERA HOUSE	DYQAN KAFEJE
PARK	TEATËR
PHARMACY	BANKË
POLICE STATION	RESTORANT
RESTAURANT	STACION POLICIE
STORE	FARMACI
THEATER	UNIVERSITET
UNIVERSITY	shtëpi OPERISTIKE

Review Jumble: The translations in the word list below have been scrambled. Draw lines between the left and right columns to find the correct translations.

```
H H S I O N E W A Y S T R E E T
L S S G Ë T E L K I Ç O T O M T
H Q W T R K E Z E Z Z S D T D Ë
L C E O M O A N A A N D A O R N
B O Ë L K O D M C G Ë G U R R J
P I B G I A T I I N I N T O I Ë
K A H N L B F O L O O D O F R K
C C R I A F O D R I N T M A R A
U C M K A K H M T C H U O M E L
R I I R I L S A O A Y T B E O I
T D T A B N T I A T U C I S S M
I E R P U S G A D S U T L R N S
O N G A S O L I N E L A O E S H
D T R A F I K R R I N K R B A E
N N G I S P O T S E N T E Ç U Ë
F E T H G I L C I F F A R T D Z
```

AUTOMOBILE	RRUGË
ACCIDENT	GAZ
BUS	MOTOÇIKLETË
GAS STATION	AUTOMOBIL
GASOLINE	AKSIDENT
LANE	AUTOBUZ
MOTORCYCLE	PARKING
ONE-WAY STREET	rrugë NJËKALIMSHE
PARKING LOT	KORSI
ROAD	shenja E NDALIMIT
STOP SIGN	SEMAFOR
TRAFFIC LIGHT	STACION GAZI
TRAFFIC	TRAFIK
TRUCK	KAMION

Review Time: Draw lines between the English word on the left and the corresponding translation on the right. Refer back to the original puzzle if you need help.

```
Ë N A L P O R E A E T M H L A Ç
K N A T Z T R E N F N E W U R E
R Ë P T S J B A I A L B T H I S
A E T Z O I A R M I L O O C G U
V Ç F S C S E R C B B P I A C B
T H R Y A T E O R U U L R E T M
H E C E R J P E Z F O L E I F A
T L L U O T E S S P I M A L A R
E I C K E N H M Ë D N K E N R I
G K E R I K A N R D E N Ë T C N
A O I A O Ç I K U Ë H A L S R E
R P R L F K I R E H D T O Q E O
T T L E A A M B U L A N C Ë V N
O E R M E S C H O O L B U S O A
A R A C E C I L O P T S Ç L H C
Y A W B U S N Ë N D E T Ë S E I
```

AIRPLANE	KANOE
AMBULANCE	HELIKOPTER
BICYCLE	AEROPLAN
BOAT	AUTOBUZ SHKOLLE
CANOE	METRO
FERRY	BIÇIKLET
FIRE TRUCK	AMBULANCË
HELICOPTER	LUNDËR ME JASTËK
HOVERCRAFT	TRAGET
POLICE CAR	ZJARRFIKËSE
SCHOOL BUS	TANK
SUBMARINE	TREN
SUBWAY	NËNDETËSE
TANK	MAKINË POLICIE
TRAIN	VARKË

Review Jumble: The translations in the word list below have been scrambled. Draw lines between the left and right columns to find the correct translations.

```
T Y G W R J E I S Q P O L I S H W
K E Ç Z E M A N T E I V F N T E V
I Ç S H R R S P G B L M R Ë P H N
N D F E L U B P O L F H E H O N E
E I Ç B M H S E A N I H N Ë L S T
Z T R R Ç A H I H N E S C O O G H
Ç A J A P A N E S E I Z H T N J S
Ë L A I D Ë A T Ç H A S Ç T I E I
R I D S S N H N E A T Ë H E S R L
I S H H I S A W G I R F N E H M A
T H E T I E K M J L V A U S T A G
A T L B R O S G G T I G B N R N U
L S A O R S N R Y S U S E I N I T
I R K E E Ë E B S T C R H E C S R
A N A M R E G U R H I I Ç T A H O
N N Ë F K N R O G R E Q I S H T P
Ë Ë E W H S P A N J I S H T T E T
```

ARABIC	PORTUGALISHT
ENGLISH	GJERMANISHT
FRENCH	POLONISHT
GERMAN	RUSISHT
GREEK	VIETNAMEZÇE
ITALIAN	HEBRAISHT
JAPANESE	KINEZÇE
KOREAN	KOREANÇE
MANDARIN	GREQISHT
POLISH	FRËNGJITSH
PORTUGUESE	ANGLISHT
RUSSIAN	SPANJISHT
SPANISH	ARABISHT
HEBREW	JAPONEZÇE
VIETNAMESE	ITALISHT

Review Time: Draw lines between the English word on the left and the corresponding translation on the right. Refer back to the original puzzle if you need help.

```
A T P O L I C E O F F I C E R L N
U I D E N T I S T C E T I H C R A
N N N R A S S S E U S Ë M H A E I
O Z R E R D Ë Y A I T D E T R I C
D O I E K D H K T S R O A O P N I
Z F N N I H D N I E N C C L E I R
E I F I T N E Ç T F O T D I N H T
E C E G E D I H E A R O N P T X C
Ç E R N K R G H D E K R S U E N E
E R M E T I C R Z T A I A A R I L
M P I K F O O A O U K C C J E S E
I O E E I T V R E I K H T E Z C E
H L R T K O B M A R A N G O Z E V
E I E A K E Ç T E A C H E R R E O
F C U A Ë A Ë A T Ë N T T F L N R
N I T S I R T A I H C Y S P N Ç A
R E Y W A L Y A Z U T O L I P I N
```

ACTOR	INFERMIERE
ARCHITECT	MARANGOZ
CARPENTER	INXHINIER
CHEF	DOKTOR
DENTIST	KUZHINIER
DOCTOR	AKTOR
ELECTRICIAN	PILOT
ENGINEER	AVOKAT
FIRE FIGHTER	ZJARRFIKËS
LAWYER	OFICER POLICIE
NURSE	ELEKTRIÇIST
PILOT	DENTIST
POLICE OFFICER	ARKITEKT
PSYCHIATRIST	MËSUES
TEACHER	PSIKIATËR

Review Jumble: The translations in the word list below have been scrambled. Draw lines between the left and right columns to find the correct translations.

```
K W C J E R R R R O B A Q E P Ë S
E I M M E C H A N I C L A W O H H
J L N H E N A R T I S T S Q K N A
M T D A I S R L P M R C S E T C E
S N R P K D B A E R I E N E E P O
Ë A E R A E R R T E O C B C L L I
M I C O Ë A M A N H Ë F R R T U R
H C N F M T I T U T S A E Ë A M S
I I A E N W I I A L A I M S K B O
D T D S P S N R E A I I L H O E E
N I D S T B E A A L L K L U I R I
C L O O E H R G I T S I R O L F R
E O N R C T M O I C H K X E R O R
U P B T I P O L I T I K A N H E H
G E U S E T E L H T A S R S P N D
R B T N U L T N A K I Z U M A H I
T N A T N U O C C A O A I M T P I
```

ACCOUNTANT	BERBER
ARTIST	ATLET
ATHLETE	PROFESOR
BARBER	NDIHMËSMJEK
BUTCHER	RROBAQEPËS
DANCER	KASAP
FLORIST	LULISHTAR
MECHANIC	MEKANIK
MUSICIAN	SHKENCËTAR
PARAMEDIC	HIDRAULIK
PLUMBER	KËRCIMTAR
POLITICIAN	POLITIKAN
PROFESSOR	ARTIST
SCIENTIST	MUZIKANT
TAILOR	LLOGARITAR

Review Time: Draw lines between the English word on the left and the corresponding translation on the right. Refer back to the original puzzle if you need help.

```
F E T R A T H S U G L M L S Ë A A
O L E A T F A T A O J T H F S S K
N Ë I N X D I R S F N O H E E G S
N A S G W I D S T I F G Y O D Y P
T A I L H E D O H E S H S B R H R
S S A R N T B R R E T K M A A F C
T O I E A Ë A A I K R A A R U R E
C L R L H N U T R V I M M T J A J
B D O R A T I Ë T L E A A E T D T
U I O R O N P R C E C R W N S N S
S E B B A U R A E I N E R D G E I
D R U O D T R U S T L D T E A J C
R Z F N Ë R H T O E E W A R Z G A
I B A R I S T S R J S V Q N E R M
V E R E I T S O P E S H K A T A R
E T R A N S L A T O R E M R A F A
R E N I R E T E V D K R E M R E F
```

BARTENDER
BUS DRIVER
FARMER
FISHERMAN
FLIGHT ATTENDANT
GARDENER
JEWELER
JOURNALIST
MAIL CARRIER
PHARMACIST
SOLDIER
TAXI DRIVER
TRANSLATOR
VETERINARIAN

KOPSHTAR
PËRKTHYES
BARIST
GAZETAR
FERMER
VETERINER
POSTIER
SHOFER AUTOBUZI
ARGJENDAR
TAKSIST
PESHKATAR
USHTAR
FARMACIST
STJUARDESË

111

Review Jumble: The translations in the word list below have been scrambled. Draw lines between the left and right columns to find the correct translations.

```
S I S T E M I D I E L L O R W L
N M Q G E T E R A M S E E D P B
T C E R A T R I E S U N Ë L A B
N I T T P D T R D T K U U M A L
R H N S B L C S P R I T I T H A
A S Ë A U U U O A N O P R A X I
W E S M R N Q T U R O E U W J S
I S L Y A U E T O M E N K J U N
L S W R O R P V D N A H R T P D
L A U N C E S K I N I T Ë N I R
E N F N N T P S O N M R M O T T
I Ë R D E E O P R M E A R O E S
D H I U N V T U E W E E R M R O
N A K O T O T B T R T T O S T T
T S R E T A R C S S O C Ë F I N
N M E T S Y S R A L O S Ë Y X B
```

SOLAR SYSTEM	VENUSI
MERCURY	URANI
VENUS	HËNA
EARTH	ASTEROID
MOON	JUPITERI
MARS	KOMETË
JUPITER	KRATER
SATURN	MARSI
URANUS	SATURNI
NEPTUNE	SISTEMI DIELLOR
PLUTO	TOKA
SUN	DIELLI
CRATER	MËRKURI
ASTEROID	PLUTONI
COMET	NEPTUNI

Review Time: Draw lines between the English word on the left and the corresponding translation on the right. Refer back to the original puzzle if you need help.

```
S A X O P H O N E A T U B Ë H S
E C D Ë Ç E R S L R R S U L S V
P C O Ë Ç F L A U T A R Ë E T A
I O T E K G H M I K R Ë F Ç S T
P R H D I I P E S L B E Z N B S
G D A J R E N O B M O R T I H F
A I R A T O F O A E F N A L A I
B O P G B O N T M Ç T Ë A O N Z
Ë N Ë M N A G H A R M O N I C A
R B O I I D T Ë V T A F H V P R
A R L P R Ç R E N I U H E S N M
T A B U T E T A P I O L L E C O
I Ë M N P U T G T M L L N E S N
K S E S L R A A M I U O I Ë M I
T E E F Y T A M B O U R I N E K
R E Ç B O Ç Ç H B C R G T V S Ë
```

ACCORDION	VIOLINÇEL
BAGPIPES	FLAUT
CELLO	TROMBON
DRUMS	BATERI
FLUTE	TRUMPET
GUITAR	FIZARMONIKË
HARMONICA	SAKSOFON
HARP	HARMONIKË
PIANO	VIOLINË
SAXOPHONE	DAJRE
TAMBOURINE	HARPË
TROMBONE	TUBË
TRUMPET	GAJDE
TUBA	KITARË
VIOLIN	PIANO

Review Jumble: The translations in the word list below have been scrambled. Draw lines between the left and right columns to find the correct translations.

```
N E T D E L Y I H O I H E I L Z
S D I D E R O B M N O M F M E U
Ë U U S G S Z I G Ë Ë T R Ë E F
R O I N H D S A G R R A H R E N
O R A T E Q Z A U Ë U Z A Z O O
M P A R U Ë E S R S Z U I I L K
Ë T A N L R O T Ë R Z U C T S H
H C S L E T P K Ë I A O A U U T
S A U U A R I Ë R S M B S R N R
P A P N R R K P R E U U M E W U
R T I P F P R E E U O A D E O G
U I E I Y U R S R V A I R W R I
T I Y H S G S I R M F R I M R S
I N O I T O M E S N A A I N I I
R Z O V R E N N O E X C I T E D
D E S U F N O C M H D A S N D S
```

EMOTION	KONFUZ
HAPPY	NERVOZ
SAD	EMOCION
EXCITED	KRENAR
BORED	I MËRZITUR
SURPRISED	I INATOSUR
SCARED	I TURPËRUAR
ANGRY	I GËZUAR
CONFUSED	I MËRZITUR
WORRIED	I SURPRIZUAR
NERVOUS	I SHQETËSUAR
PROUD	I SIGURT
CONFIDENT	I FRIKËSUAR
EMBARRASSED	I NGAZËLLUAR
SHY	I TURPSHËM

Review Time: Draw lines between the English word on the left and the corresponding translation on the right. Refer back to the original puzzle if you need help.

```
H A O A E J T I D O G O E R Ç E
T Z N H S D N E M E J R R A M P
T E B A I D E F S K X L O R E T
H A R N U L I E O O T H A I Ç I
H D Y E B S K Ë P K H D L N N J
O L I E D H E N V E I L L F T G
O K S A H C E A A J U O E E Y R
S O E R B K O D U B O C R K U E
N L N P C E A U P M T D G S D L
P L E I S C T A G I W I Y I H A
I Ë H A H L A E O H C A A O Ë E
R C R E V E F N S D N R H N S K
G A H E N L A P U Ç R R A O G O
Y T S X U E F T O H J E A M E R
E I D H I M B J E B A R K U P T
Y G J A K N G A H U N D Ë T F S
```

ALLERGY	MARRJE MENDSH
CHICKENPOX	GODITJE
COLD	PUÇRRA
COUGH	DIABET
CRAMPS	ETHE
DIABETES	INFEKSION
DIARRHEA	LI E DHENVE
FEVER	DIARRE
FLU	ALERGJI
HEADACHE	KOLLË
INFECTION	FTOHJE
NAUSEA	GJAK NGA HUNDËT
NOSEBLEED	GRIP
RASH	DHIMBJE BARKU
STROKE	DHIMBJE KOKE

Review Jumble: The translations in the word list below have been scrambled. Draw lines between the left and right columns to find the correct translations.

```
A T Y H S T O M A C H A C H E L
A D H I M B J E S T O M A K U L
M M T M U M P S Ë O F M E Ë O B
D I H L O R E M N O J H N R R O
S H G T E L T A E L Ë W X U E T
J E D R S S V T R O N D I T J E
Ë H J A A A T V G O E S R K H R
M E E K G I Y L I R E O Ë A D U
P M G S N I N S M R S N C R Y T
M T I I S I S E P N U C T F R C
O E E D H U Z P F E I S C S D A
E I D E C K R F E D L A D L N R
O T Y N A B R I E L D I R R S F
Y U O T O U U N V L I P P P T E
K C A T T A T R A E H P G E S N
Y F L H E A W O N T G I E W O H
```

ACCIDENT	DHIMBJE STOMAKU
ASTHMA	FRAKTURË
BRUISE	AKSIDENT
BURN	VIRUS
CONCUSSION	SHYTA
CUT	PRERJE
EPILEPSY	ASTMË
FRACTURE	MIGRENË
HEART ATTACK	DJEGIE
MEASLES	FRUTH
MIGRAINE	ATAK ZEMRE
MUMPS	NDRYDHJE
SPRAIN	E NXIRË
STOMACH ACHE	EPILEPSI
VIRUS	TRONDITJE

Review Time: Draw lines between the English word on the left and the corresponding translation on the right. Refer back to the original puzzle if you need help.

```
O M G A M I H W C Ç D S P E M A
X E R E N O A W L T H D T R A W
D V A M W O D R U K Ë T Ë W H H
Ç S L M I T G T O L Ë S H S F A
E I A E G N O I E Ë S A A Ë N T
J N S N D L V R I T T I A S E T
Y O T N A Ç S B W R U H J H A I
L M E H R I O G E Ç O A S E S M
Ç H O W M U C H F P Y K S Ë N E
W I L O B E C A U S E S U E A I
I D A S A U R K Ç E R W T S O S
N N W T I Ë H O W F A R H P H I
T Ë U N E N O Z F Ç W H O E T T
A M A D O R R Z L O O Y W S R E
E Ë O S C A N Y O U H E L P M E
E T O B A H Ç E E W S P O C H G
```

BECAUSE	SA ËSHTË ORA
HOW	SA
HOW ARE YOU	mund TË MË NDIHMONI
HOW FAR	KUSH
HOW MANY	KU
HOW MUCH	SI
CAN YOU HELP ME	KUR
WHAT	SEPSE
WHAT TIME IS IT	SA
WHEN	ÇFARË
WHERE	PSE
WHO	SA LARG
WHY	SI JENI

Review Jumble: The translations in the word list below have been scrambled. Draw lines between the left and right columns to find the correct translations.

```
W U O Ë N Ë R G N Ë T R Ë P Ë M
U F P J A T Ë K R Y E S O R E T
P N D R E K A R N A P K I N S I
E F E L P W I N E L I S T A R P
C L A M I Ë O T K O L A F A U W
E U T T Ë S R N T Ë W K U H O H
T R Ë E U N I T B N A A W I C K
Ë X T C W R G M Ë E P Ë E S N O
R N H H D A Ë J R P I T M N I H
F B S D E A I B E A I O M S A I
D E I E H B M T R S O R O V M T
I O H S E E I T E R I W Ë T E O
N Y S S Z Z N L T R W S E W N E
N C K E E H E S L U N C H J U T
E V A R Ë R E V E A T S I L E F
R E B T A R E I R A M A K R A D
```

APPETIZER	MENU
BREAKFAST	PJATË KRYESORE
DESSERT	DREKA
DINNER	BAKSHISH
DRINK	DARKA
EAT	MËNGJESI
LUNCH	ËMBËLSIRË
MAIN COURSE	LISTA E VERËRAVE
MENU	FATURË
NAPKINS	TUALET
RESTROOMS	PËR TË NGRËNË
THE BILL	PECETË
TIP	KAMARIER
WAITER	MEZE
WINE LIST	PËR TË PIRË

Review Time: Draw lines between the English word on the left and the corresponding translation on the right. Refer back to the original puzzle if you need help.

```
B R U T S I D T O N O D K E N N
C E J I N A T A B T H F E O Ë M
T M C A Ç R S O S O E F F B H O
E O R I N O J E M Ë K E Y C L S
N H I R V U I Ë V A L I X H E N
R D N L E R E N I E M E A O W A
E M R R E C E P T I O N Ç T O S
T I S T G T E S R E O N Z E T H
N B U T A Y P P M I R S T L H Q
I R I R G B M A S O Q N G H S E
O Ë T H G C T I P I O H E O I T
D H E X U G V E G E O R S T Ç Ë
S S P A L E S T Ë R R N D E Y S
T T L B L A N K E T S K L L P O
L T T E L E V I Z O R T A E Ë N
L E T Ë R H I G J I E N I K E I
```

BED	PESHQIR
BLANKETS	TELEVIZOR
DO NOT DISTURB	RECEPSION
GYM	MOS NA SHQETËSONI
HOTEL	DHOMË
INTERNET	INTERNET
KEY	HOTEL
LUGGAGE	TELEFON
RECEPTION	BATANIJE
ROOM	SHTRAT
ROOM SERVICE	VALIXHE
SUITE	PALESTËR
TELEVISION	ÇELËS
TOILET PAPER	LETËR HIGJIENIKE
TOWEL	SHËRBIM DHOME

Review Jumble: The translations in the word list below have been scrambled. Draw lines between the left and right columns to find the correct translations.

```
T  T  F  R  B  I  O  L  O  G  Y  E  T  K  I  G
D  U  L  A  N  G  U  A  G  E  S  O  I  R  J  E
E  I  S  E  N  Z  I  B  C  U  H  M  O  U  A  F
N  G  F  I  L  O  Z  O  F  I  I  T  H  H  Y  S
G  Y  C  L  G  A  N  Ë  R  R  S  Ë  A  H  A  I
I  Y  R  T  D  O  A  K  E  I  T  U  P  M  E  S
N  H  N  T  M  Q  H  I  H  R  O  A  M  S  I  Ë
E  P  L  I  S  I  N  T  A  O  R  E  A  S  M  K
E  O  C  I  D  I  S  A  E  G  Y  H  F  E  O  E
R  S  Ë  L  H  J  M  M  O  F  T  C  U  N  N  J
I  O  C  X  Ë  G  J  E  O  G  R  A  F  I  O  M
N  L  N  D  G  O  G  T  H  O  V  I  C  S  K  E
G  I  E  T  E  L  H  A  Ë  C  Z  I  X  U  E  V
N  H  K  C  N  O  Y  M  N  I  D  E  T  B  E  D
E  P  H  Y  S  I  C  S  K  E  C  N  E  I  C  S
V  U  S  W  H  B  F  Ë  M  U  Z  I  K  Ë  I  L
```

ART	GJEOGRAFI
BIOLOGY	GJUHËT
BUSINESS	BIZNES
CHEMISTRY	BIOLOGJI
ECONOMICS	EKONOMI
ENGINEERING	KIMI
GEOGRAPHY	INXHINIERI
HISTORY	FILOZOFI
LANGUAGES	MJEKËSI
MATH	FIZIKË
MEDICINE	SHKENCË
MUSIC	MATEMATIKË
PHILOSOPHY	HISTORI
PHYSICS	MUZIKË
SCIENCE	ART

Review Time: Draw lines between the English word on the left and the corresponding translation on the right. Refer back to the original puzzle if you need help.

```
N S S C S T E Q A F R Ë P I S O X
Ë O A N Ë C W D I R T E M O E J G
Ë R I R S M I P Z B R I T J E E A
S E N T I V E X Ë P T L Y E P N N
E Ë H O I T N G E R E E M U L O V
Y S L S I D H N A L Q L U G N I P
H N I L U T D M L T N I R T A T P
T O O V O I A A E O N O N R R A J
N I P I C G R C I T T E I D R U E
S T M U C A A T I A I T C A J Q S
O C L I P A C R L L M C L R V E T
H A A T L A U U I E P E J I E N I
R R P R R L C K T T L I Z S O P M
S F D T E L Ë I E T Ë O T E A H T
Y O B R A A K V M O R S Ë L I B C
H U A C I Ë Y R T E M O E G U N Ë
S H U M Ë Z I M E J H D E L B M S
```

ADDITION	PËRQINDJE
AREA	ARITMETIKË
ARITHMETIC	GJEOMETRI
CALCULATOR	SHUMËZIM
DIVISION	PINGUL
EQUATION	VËLLIMI
FRACTION	THYESË
GEOMETRY	ZBRITJE
MULTIPLICATION	PARALEL
PARALLEL	makinë LLOGARITËSE
PERCENTAGE	SIPËRFAQE
PERPENDICULAR	MBLEDHJE
RULER	VIZORE
SUBTRACTION	PJESTIM
VOLUME	EKUACION

Review Jumble: The translations in the word list below have been scrambled. Draw lines between the left and right columns to find the correct translations.

```
R E A B A G A Z H N E A M U O E
U I T T E J S I N E A E Ë S I P
L S Ë A U T T E Y T F T A M N N
A T T K H D R C I T S E M O D U
N E E E A I O O S I A Ë I T N W
O R L O R I P G P L H V N S Y S
I M I F E M R E A S A I A U A E
T I B F T O I C D N S V C C W R
A N A Ë E C A N R J Ë A I H N U
N A G Ë R E E E A A A V P R U T
R L G D T R Ë N R L F H Ë A R R
E T A A B L I L L O R T N O K A
T P G I O O Ë T R O P A H S A P
N T E K C I T E J W P O R T A E
I H A Y T I R U C E S N R E H D
U N D Ë R K O M B Ë T A R T G T
```

AIRCRAFT	MBËRRITJET
AIRPORT	PORTA
ARRIVALS	AEROPORT
BAGGAGE	PISTË
CUSTOMS	NISJA
DEPARTURES	BAGAZH
DOMESTIC	DOGANË
GATE	AVION
INTERNATIONAL	BILETË
PASSPORT	NISJET
RUNWAY	NDËRKOMBËTAR
SECURITY	PASHAPORTË
TAKEOFF	KONTROLLI
TERMINAL	TERMINAL
TICKET	I BRENDSHËM

Review Time: Draw lines between the English word on the left and the corresponding translation on the right. Refer back to the original puzzle if you need help.

```
O O N R G H Q E E M I H D O R P
N A Z A Y H T T E N E D H G I U
Q F R S P O S I H P H E B U D W
I E H A O N N T Ë A T H N W O S
N G C N F Y N L Z A Y R O K D Ë
G D S B E S G T A T L C O R N E
J F U K I Ë E T L C S W G S S N
E L N C T L O G A Ë S S O N A E
L O F W K S D N Ë L U P A L A K
D E R R R D O Ë F T E O T B I C
E D J T G H P E T D O R F K A I
T H E G U O R E G U A C A W L H
I I I L L M M S Ë C R Ë R A A C
R P S H E E P A T S S K M E D H
S O T R A K T O R E B B E Ë E H
O N B T T I R O O S T E R Y C S
```

BULL	DERR
CHICKEN	DHI
COW	PRODHIME
CROPS	GJEL DETI
DONKEY	QINGJ
DUCK	PULË
FARMER	DEM
GOAT	ROSAK
HORSE	FERMER
LAMB	GOMAR
PIG	DELE
ROOSTER	TRAKTOR
SHEEP	GJEL
TRACTOR	KAL
TURKEY	LOPË

Review Jumble: The translations in the word list below have been scrambled. Draw lines between the left and right columns to find the correct translations.

```
L M U E S U M Y K A C A M E R A
S P T S I R U O T Y S A H J E U
H N A C E N O R R Ë N O J A D K
P I O M T B F E T T I Ë T H R O
A O A I E O L O Ë U U E Ë A O I
R K D D T L U R R L R H P I C T
K E I D A C H R I M E I N G M R
E U M G I E A B G Q A F S D A A
G T T A Q R Ë R Ë U O C R T C I
H R N J K R E S T R I E I M R R
A E E E G O T C M T J D N O I E
R O A U M U E A T T A O E N N L
T E I S R U T D I I E J V A E A
Ë D Z I Y I N M I Ë O O U M V G
E I H U O E E O I V R N O E U T
V V B N M O N U M E N T S C S E
```

ART GALLERY	KAMER
ATTRACTIONS	LIBËR GUIDE
CAMCORDER	UDHËHEQËS TURI
CAMERA	VIDEOKAMER
DIRECTIONS	MONUMENT
GUIDE BOOK	RRËNOJA
INFORMATION	INFORMACION
MAP	TURIST
MONUMENTS	GALERI ARTI
MUSEUM	SUVENIR
PARK	HARTË
RUINS	MUZE
SOUVENIRS	DREJTIME
TOUR GUIDE	PARK
TOURIST	TËRHEQJE

Review Time: Draw lines between the English word on the left and the corresponding translation on the right. Refer back to the original puzzle if you need help.

```
E R Ë R Ë L L E J T H S Ë K S H
N Y A E I T T N E R A A R S G N
S G T B D G O X J L L E I D S O
P N E E R C S N U S M A N Y A N
E I K A A O I S O D N A Z Y N U
S F C C U Ë J N I D S E H O D S
L R U H G Ë O E S P D C V E C E
H U B L E R L C E I Ë B T H A S
W S L H F L I P E L E V O H S S
R A W Ë I C Ë L N A E Q O W T A
D Ë V O L A L A U Ë N D I K L L
T E R E H I E Z V W H M E O E G
R F R Ë S T P H S R M S P M A N
Z H T L I E A Ë O I D A C D A U
S Z E E P E K H N A T A U M L S
T I T I S C R G A Ë W A V G I R
```

BEACH	ROJE
BUCKET	DALLGË
HAT	KAPELË
LIFE GUARD	KËSHTJELLË RËRE
OCEAN	LOPATË
SAND	SËRF
SANDCASTLE	DET
SEA	KOVË
SHOVEL	DIELL
SUN	SYZE DIELLI
SUNGLASSES	OQEAN
SUNSCREEN	KREM DIELLI
SURFING	RËRË
SWIMMING	NOT
WAVES	PLAZH

Review Jumble: The translations in the word list below have been scrambled. Draw lines between the left and right columns to find the correct translations.

```
R Ë T R U K H S E R N S T G G H
O T T E N B Z S K S T D G A R I
E A E H D A M E E E L E C S S H
Ë H F W S D Q S Q C Ë T R A L O
Ë T V W O O W T E T B B Ë N O A
T E A B I R P F R I V E Ë D W R
H R B J Ë E V O G Ë L E N R O L
S C O U G E F S N I S R S E A F
U E T H T E N J O M Ë D N F A Ë
G O A Y S Ë D Y A O R E C N I A
N C E H A I Y L L A T I T K A A
E A T O I V L H H Q R Ë Y C U O
D Ë R E J G E O E T L H D Y S V
N E O R O N H D R I Ë T N W T W
S Y G O O M I R Ë A A R D Y Q H
O L D P W W A Y R I Ë O E G E T
```

BIG	MIRË
SMALL	POSHTË
WIDE	E THATË
NARROW	E GJATË
TALL	E FORTË
SHORT	E SHKURTËR
HIGH	E VOGËL
LOW	E NGUSHTË
GOOD	E BUTË
BAD	KEQ
WET	LARTË
DRY	E MADHE
HARD	E NJOMË
SOFT	E GJERË

Review Time: Draw lines between the English word on the left and the corresponding translation on the right. Refer back to the original puzzle if you need help.

```
Ë  E  N  H  F  H  M  I  B  A  G  A  C  F  D  O
M  C  O  L  D  I  A  E  V  I  S  N  E  P  X  E
J  E  P  I  H  O  I  M  N  S  Q  O  O  K  A  X
D  Ë  R  O  L  A  B  I  C  Ë  H  H  I  R  Ë  U
T  T  T  C  C  Y  P  F  U  T  H  G  I  R  W  S
Y  J  C  Ë  L  L  Q  U  I  E  T  O  I  A  U  A
Ë  N  H  L  O  E  C  R  R  Q  E  L  K  A  A  G
O  E  U  A  S  H  A  S  O  E  Ë  V  H  F  E  F
O  R  I  D  E  H  Ë  N  O  Y  I  A  Ë  F  W  E
F  T  A  A  D  E  P  S  I  H  Q  S  T  S  T  A
Y  H  P  G  E  T  I  E  C  Y  F  O  K  P  O  T
R  S  N  N  J  O  S  Z  J  M  H  A  A  A  B  T
M  L  I  I  D  Ë  G  G  Ë  T  T  P  S  S  U  O
J  T  W  O  L  S  S  T  Ë  W  T  O  T  T  B  P
L  P  B  S  N  W  Z  H  U  R  M  S  H  Ë  M  E
L  Ë  D  D  W  B  H  V  O  Ë  T  H  O  R  G  N
```

FAST	LIRË
SLOW	HAPUR
RIGHT	GABIM
WRONG	PASTËR
CLEAN	PIS
DIRTY	SHPEJT
QUIET	NGROHTË
NOISY	SHTRENJTË
EXPENSIVE	SAKTË
CHEAP	ZHURMSHËM
HOT	MBYLLUR
COLD	NGADALË
OPEN	FTOHTË
CLOSED	QETËSI

Review Jumble: The translations in the word list below have been scrambled. Draw lines between the left and right columns to find the correct translations.

```
R Ë H S O D N Ë H S I D Y M S E
X N R A S E O E P V N E E I V N
T A T I W E O E J E H B D L T S
A V E S T A F E R T A O I L T D
N H I T U H T I I T B S M I T D
S O Ë T T Ë S K I Ë A H Y F T E
F D H S R Ë G Ë T D H C E D T C
T I A G R T T N V U V U S T R S
T N E R S H A O I G S E E O W F
O W E A K G A Ë D N U F H K L H
Y T P M E I W T T O N O Ë C M H
T Ë L L D L Ë I O R F I E O N O
U I E L N I H R L T O A G I N E
I V H H U P R D P S O F H E A A
S S T D I F F I C U L T I A B T
E I Ë E D V D A B D D V S V J S
```

FULL	DRITË
EMPTY	PLOT
NEW	LEHTË
OLD	FUND
LIGHT	I RI
DARK	VËSHTIRË
EASY	ERRËSIRE
DIFFICULT	BOSH
STRONG	I FORTË
WEAK	I VJETËR
FAT	I DOBËT
THIN	FILLIM
BEGINNING	I SHËNDOSHË
END	ELEGANT

Review Time: Draw lines between the English word on the left and the corresponding translation on the right. Refer back to the original puzzle if you need help.

```
B A W I F U N D I T K U O V L S
O I E N T V I T P O Ë M S Y O L
O T C Ë A L C O L G O E H C T T
A Z K M A A L G I H E S G X O T
G Y H E O I O A O W E W D A B N
R E O K P S M D L I N S I D E I
L E E I I T E A E T R S E R D E
E Y M P O T R T T H B A O L I N
N E Ë L O G Q Q A J R F U F S T
E O R P H N I F H L E T R U T A
C I J I A E I E Y B N E T H U C
O P A A O R R R N E D R O W O B
E A P A S Ë A E A L A S T S E S
U R A T T H E R E F H U N F E B
W I T H O U T D L E Ë A M H O R
T T E E Y H N Ë N O V R I D M A
```

NEAR	PAS
FAR	I PARI
HERE	VONË
THERE	BRENDA
WITH	I FUNDIT
WITHOUT	PARA
BEFORE	ATJE
AFTER	LARG
EARLY	KËTU
LATE	AFËR
INSIDE	PA
OUTSIDE	ME
FIRST	JASHTË
LAST	HERËT

Review Jumble: The translations in the word list below have been scrambled. Draw lines between the left and right columns to find the correct translations.

```
V R B A K Ë R E V L I S A N D I
C O N C R E T E G A B S D R G F
L T P S U I X O P C E A U E I Ç
N A M E T A L H L P T L E E T S
P P T Y D D W A A A O G F N O L
T L N O D N R E T M N C F O Ç A
L A A P L O E K I E T O T T P I
A T M S L M O J N O M R A S O R
I I A R T A A W G M Ë X T O D E
R N I A T I S O A R G J I L Ë T
E U D R D D K T Ë K A O B Y L A
T M E O I D U Ë I R O M R I O M
A A T T R K L L Ë C U R I Y U N
M T E D H G E U L V F G W D T H
A H A O Q Ç E A I W H P O I S O
R G D E L I Y E O W R H V O E E
```

CLAY	METAL
CONCRETE	RËRË
COPPER	ARGJEND
DIAMOND	BETON
GLASS	ARGJILË
GOLD	XHAM
MATERIAL	DIAMANT
METAL	PLATIN
PLASTIC	BAKËR
PLATINUM	MATERIAL
SAND	ÇELIK
SILVER	PLASTIKË
STEEL	AR
STONE	GURË
WOOD	DRU

Review Time: Draw lines between the English word on the left and the corresponding translation on the right. Refer back to the original puzzle if you need help.

```
Ç O S S E H I O T T A U L S A B
Ç P A N D R Y S H K S H Ë M M L
W B U O Ë V Y A P L O R K U U E
R Y N O T T O C E R A M I C N E
H Ë N I T N E M E C I N M D I T
O E T H R Ë E P S D A E A L M S
T A K A X E A M A T R E R T U S
N U J U B L H A I M L E E W L S
Ë S S A R B Ë T E Ç B D Q O A E
W V N G I R K R A B M U L P D L
O L K R C A O R U E C S K W T N
O R J O K M T R Ë K L O D U I I
E E Ç X E H X N U T Ë I L M R A
T A Ë I F R B Z R M E L U O S T
E B E I L M H E O Ë Ë L N D P S
Ç T E D D E A G J P A P E R C T
```

ALUMINUM	GOMË
BRASS	LETËR
BRICK	PAMBUK
CEMENT	MERMER
CERAMIC	ALUMIN
COTTON	ÇIMENTO
IRON	QERAMIKË
LEAD	çelik i PANDRYSHKSHËM
LEATHER	TUNXH
MARBLE	LËKURË
PAPER	TITAN
RUBBER	TULLË
SOIL	TOKË
STAINLESS STEEL	PLUMB
TITANIUM	HEKUR

Review Jumble: The translations in the word list below have been scrambled. Draw lines between the left and right columns to find the correct translations.

```
K T E E J G O R A R A T T D C N
E L T U A Ë R E Q E F R C Ë A Q
E L I A Ç U E O Q M E R C C P L
X C B M F P M Y U E T Ë D T P Ç
E I F R Y S V B R A N D Y H U Y
N I H X E G E E P A N E A D C A
G N Ë L K N D L R Y B A E A C D
A I R D S W D E Ë Ë A I K S I U
P B N K I E E I J E E A A D N Ë
M N I N H B Ç N U C C K P Q O Ç
A O E R W W A T E R O D U O S V
H T U R R P B E E S F O Ç Q E E
C M Q U M Ë S H T Ë F V I O E U
L S D A U Y A K A F E E N G N T
F Ë H D R A B E Ë R E V O Z E D
V S N E W H I T E W I N E N O I
```

BEER	BIRRË
BRANDY	XHIN
CAPPUCCINO	KAPUÇINO
CHAMPAGNE	ÇAJ
COFFEE	UJË
GIN	VERË E BARDHË
JUICE	LËNG
MILK	RUM
RED WINE	SHAMPANJË
RUM	BRENDI
TEA	VODKA
VODKA	UISKI
WATER	QUMËSHT
WHISKEY	VERË E KUQE
WHITE WINE	KAFE

SOLUTIONS

SOLUTION 001 SOLUTION 002 SOLUTION 003

SOLUTION 004 SOLUTION 005 SOLUTION 006

SOLUTION 007 SOLUTION 008 SOLUTION 009

SOLUTION 010 SOLUTION 011 SOLUTION 012

SOLUTION 013 SOLUTION 014 SOLUTION 015

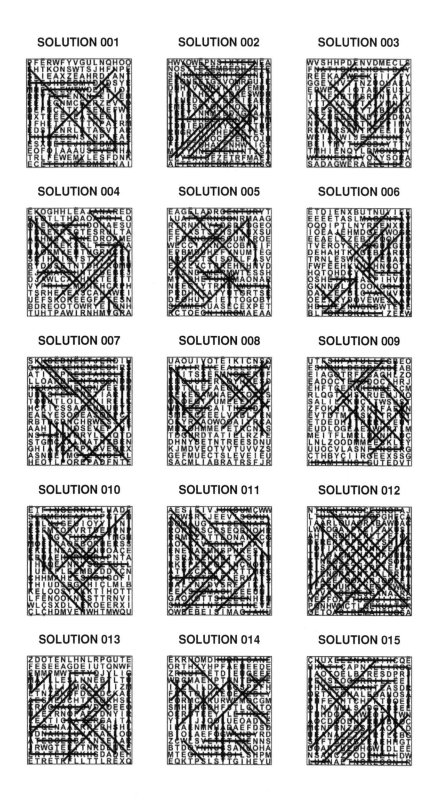

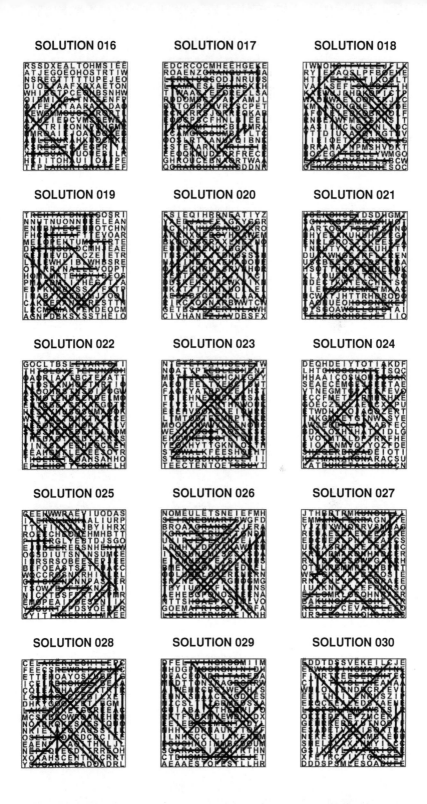

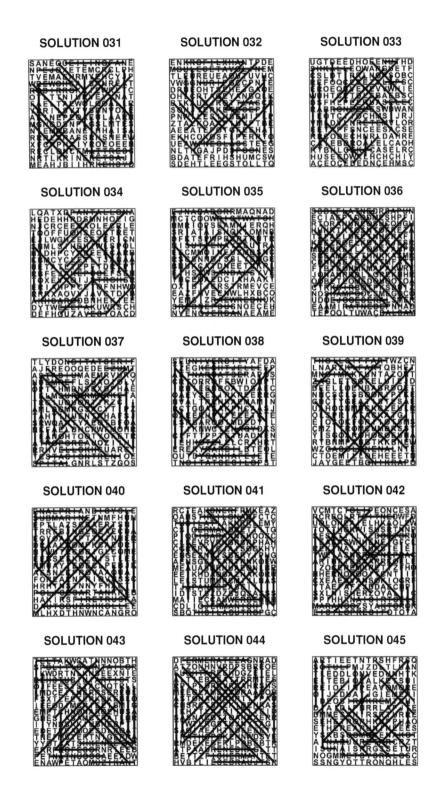

SOLUTION 031

SOLUTION 032

SOLUTION 033

SOLUTION 034

SOLUTION 035

SOLUTION 036

SOLUTION 037

SOLUTION 038

SOLUTION 039

SOLUTION 040

SOLUTION 041

SOLUTION 042

SOLUTION 043

SOLUTION 044

SOLUTION 045

SOLUTION 046

SOLUTION 047

SOLUTION 048

SOLUTION 049

SOLUTION 050

SOLUTION 051

SOLUTION 052

SOLUTION 053

SOLUTION 054

SOLUTION 055

SOLUTION 056

SOLUTION 057

SOLUTION 058

SOLUTION 059

SOLUTION 060

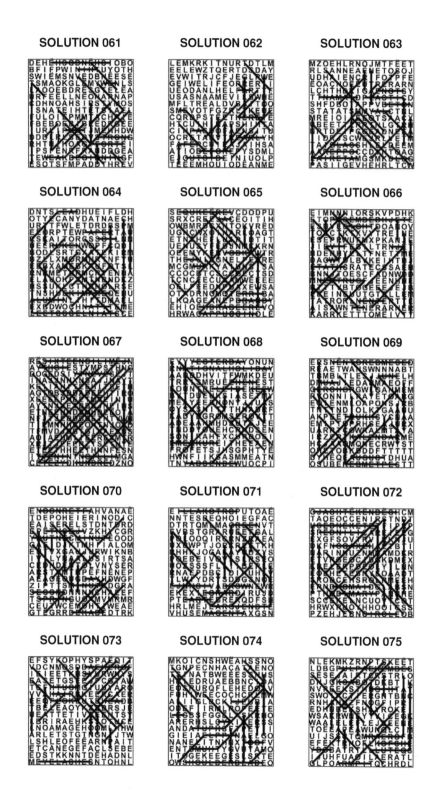

SOLUTION 061

SOLUTION 062

SOLUTION 063

SOLUTION 064

SOLUTION 065

SOLUTION 066

SOLUTION 067

SOLUTION 068

SOLUTION 069

SOLUTION 070

SOLUTION 071

SOLUTION 072

SOLUTION 073

SOLUTION 074

SOLUTION 075

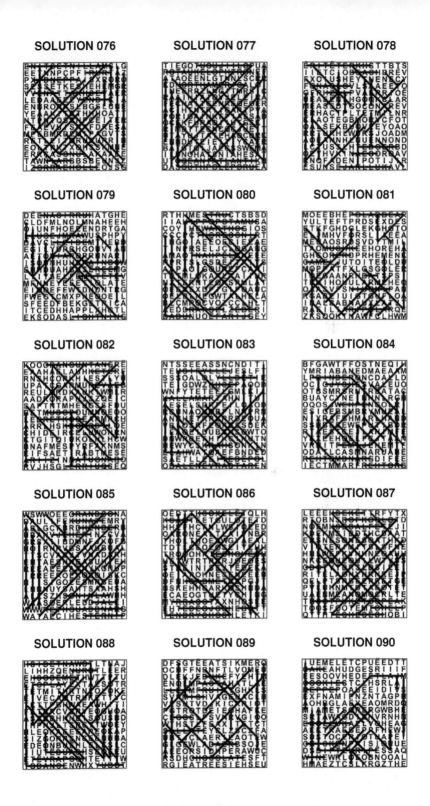

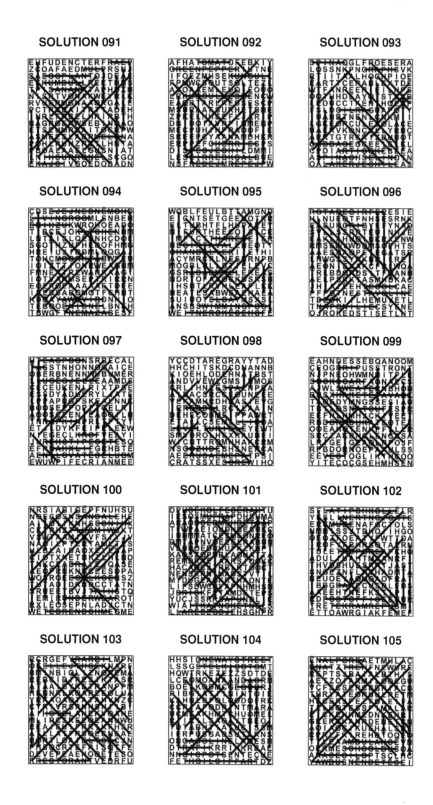

SOLUTION 091   SOLUTION 092   SOLUTION 093

SOLUTION 094   SOLUTION 095   SOLUTION 096

SOLUTION 097   SOLUTION 098   SOLUTION 099

SOLUTION 100   SOLUTION 101   SOLUTION 102

SOLUTION 103   SOLUTION 104   SOLUTION 105

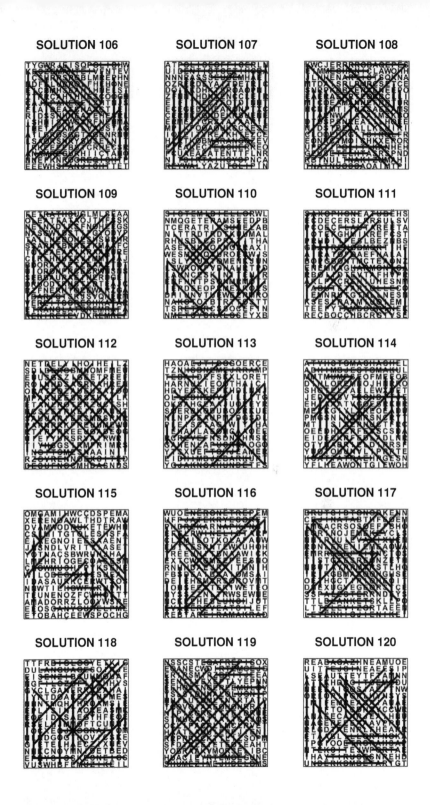

SOLUTION 121

SOLUTION 122

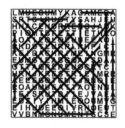

SOLUTION 123

SOLUTION 124

SOLUTION 125

SOLUTION 126

SOLUTION 127

SOLUTION 128

SOLUTION 129

SOLUTION 130

Word Search Books by David Solenky
Available on Amazon

Language Series
Available in both Regular and Large Print sizes
01. Learn Albanian with Word Search Puzzles
02. Learn Brazilian Portuguese with Word Search Puzzles
03. Learn Croatian with Word Search Puzzles
04. Learn Czech with Word Search Puzzles
05. Learn Danish with Word Search Puzzles
06. Learn Dutch with Word Search Puzzles
07. Learn Finnish with Word Search Puzzles
08. Learn French with Word Search Puzzles
09. Learn German with Word Search Puzzles
10. Learn Hungarian with Word Search Puzzles
11. Learn Italian with Word Search Puzzles
12. Learn Polish with Word Search Puzzles
13. Learn Portuguese with Word Search Puzzles
14. Learn Romanian with Word Search Puzzles
15. Learn Spanish with Word Search Puzzles
16. Learn Swedish with Word Search Puzzles
17. Learn Turkish with Word Search Puzzles
18. Learn Vietnamese with Word Search Puzzles

Baby Name Series
01. Baby Name Word Search Puzzles
02. Baby Boy Name Word Search Puzzles
03. Baby Girl Name Word Search Puzzles

Made in the USA
Middletown, DE
14 February 2022

61172012R00082